LE
MARÉCHAL DE MAILLY

Dernier Commandant pour le Roi à Abbeville

PAR

ALCIUS LEDIEU

ARCHIVISTE

CONSERVATEUR DE LA BIBLIOTHÈQUE ET DES MUSÉES D'ABBEVILLE

PARIS

ALPHONSE PICARD ET FILS, LIBRAIRES

82, rue Bonaparte, 82

M DCCC XCV

LE MARÉCHAL DE MAILLY

LE
MARÉCHAL DE MAILLY

Dernier Commandant pour le Roi à Abbeville

PAR

ALCIUS LEDIEU

ARCHIVISTE

CONSERVATEUR DE LA BIBLIOTHEQUE ET DES MUSÉES D'ABBEVILLE

PARIS

Alphonse PICARD et Fils, Libraires

82, rue Bonaparte, 82

M DCCC XCV

A

Monsieur le Marquis de MAILLY-NESLE

Arrière-petit-fils du maréchal de Mailly

Ce livre est dédié

A. L.

La vieille famille picarde des Mailly vient d'avoir son historien en la personne de M. l'abbé Ambroise Ledru. C'est un véritable monument que l'auteur a élevé à cette race chevaleresque, dont la fière devise est bien connue : HONGNE QUI VONRA, *grogne qui voudra.*

Dans son œuvre, l'auteur ne pouvait pas s'étendre longuement sur chacun des membres de cette maison. Ainsi, pour ce qui concerne l'un d'eux, le maréchal de Mailly, il ne lui consacre qu'une notice relativement fort courte, et encore contient-elle quelques inexactitudes de détail que l'auteur, étranger au pays, n'a pas su éviter.

Malheureusement, ces erreurs viennent d'être reproduites. Nous les avons rectifiées, et c'est dans ce but que nous avons fait précéder cette étude de deux chapitres dont l'un est consacré à la biographie du comte de Mailly et l'autre à ses alliances et à sa postérité.

Nous savions qu'il existe à la Bibliothèque communale et aux Archives municipales d'Abbeville une notable partie de la correspondance du comte de Mailly avec les maïeurs et échevins de notre ville. Cette correspondance permet de saisir sur le vif les rapports de mutuelle courtoisie et de profonde estime entre ce commandant et les différentes municipalités abbevilloises qui se sont succédé dans le cours de la seconde moitié du siècle dernier.

Pendant quarante-quatre ans, M. de Mailly ne cessa d'entretenir les meilleures relations avec l'échevinage, et il sut inspirer aux Abbevillois le plus sincère attachement. Il est vrai qu'il se montra constamment préoccupé du soin de défendre l'intérêt public.

Si, quelque jour, la longue carrière militaire si bien remplie du maréchal de Mailly tente un Plutarque moderne, nous nous estimerons heureux d'avoir apporté notre pierre à l'édifice que nous souhaitons de tous nos vœux voir élever à la mémoire d'un homme dont l'activité prodigieuse et éclairée s'est exercée aussi bien dans l'état militaire que dans les fonctions administratives.

Le futur biographe du dernier commandant en chef du Roussillon trouvera d'abondants matériaux dans les Souvenirs du maréchal de Mailly. (Le Mans, impr. Leguicheux, 1895, in-8°. VIII-110 pp.) Cet ouvrage, paru trop tard pour que nous ayons pu y faire quelques emprunts, contient le récit des principaux événements de la vie du maréchal écrits par lui-même ; malheureusement, cette sorte d'autobiographie s'arrête à l'année 1743 ; mais sa veuve a eu la bonne pensée de continuer ces mémoires jusqu'à la mort tragique du maréchal.

Écrits avec la plus grande simplicité, dans un style qui ne manque pas toutefois d'élégance, ces Souvenirs nous font voir le maréchal sous son véritable jour : militaire habile, mais mauvais courtisan ; aussi, les intrigues de cour dont il fut victime le tinrent éloigné de Louis XV. C'est seulement sous le successeur de ce dernier que les mérites du comte de Mailly trouvèrent enfin leur récompense.

Qu'il nous soit permis en terminant d'adresser à ceux qui nous ont aidé dans nos recherches l'expression de toute notre reconnaissance.

M. Victor Advielle a bien voulu dépouiller pour nous les Archives du Ministère de la guerre ; M. l'abbé Ph. Torreilles, dont les travaux sur le Roussillon sont justement estimés ; notre obligeant confrère, M. J. Blanquer, conservateur du musée de Perpignan, ont mis la plus gracieuse complaisance à nous communiquer divers documents inédits ; nous les en remercions bien sincèrement.

ALCIUS LEDIEU.

Abbeville, 14 décembre 1895.

TABLE DES PLANCHES

Titre. Portrait en pied du maréchal de Mailly, peint en 1785 par Monnet, peintre du Roi.

Sur le rouleau de papier posé sur la table, on lit : GUERRES DE 1733, DE 1740 ET DE 1757.

Sur le rouleau de gauche se voit le plan de Port-Vendres.

Les rouleaux jetés à terre portent : PLAN DE L'ÉCOLE MILITAIRE, HÔPITAUX, MANUFACTURES, JARDIN DES PLANTES, PLAN DE L'UNIVERSITÉ DE PERPIGNAN.

Sur la gauche, dans le lointain, vue de Port-Vendres et de l'obélisque.

Dans le haut du cadre sont sculptées les armes du maréchal de Mailly ; elles sont entourées des colliers de Saint-Michel et de Saint-Louis et du Saint-Esprit.

Un cartouche dans le bas du cadre porte cette inscription :

AUGUSTIN-JOSEPH DE MAILLY
Cte DE MAILLY, Mis D'HAUCOURT
MARÉCHAL DE FRANCE CHEVALIER DES TROIS ORDRES
DU ROY, Gnd CROIX DE MALTHE, CHANOINE
D'HONNEUR HÉRÉDITAIRE DE LA CATHÉDRALE
DE PERPIGNAN, GOUVERNEUR D'ABBEVILLE,
Lnt GÉNÉRAL DU ROUSSILLON,
COMMANDANT EN CHEF
DE CETTE PROVINCE

Page 50. — Vue des restes du château d'Haucourt, canton de Forges-les-Eaux (Seine-Inférieure); ce château fut vendu vers 1792 par le maréchal de Mailly aux dames Puissant de Villeguérif, qui le vendirent à leur tour en 1830 à la comtesse de Ruffo; son fils, le marquis de Gaudechart, fit don de ce château et des biens qu'il possédait à Haucourt à son neveu, le comte de Valon. Ce château est aujourd'hui converti en ferme.

Page 51. Vue du château de Mailly-Raineval.

Page 53. Ruines du château de Folleville.

Page 67. Portrait de Blanche-Charlotte-Marie-Félicité de Narbonne-Pelet, maréchale de Mailly, née le 24 octobre 1760, décédée le 15 janvier 1840.

Page 133. Plan de la promenade du Pâtis telle qu'elle existait en 1780 lors de la fête qui y fut donnée en l'honneur du comte et de la comtesse de Mailly.

Page 152. Buste du maréchal de Mailly exécuté dans la manière d'Augustin Pajou, habile statuaire (1730-1809). Ce buste fut donné à la ville d'Abbeville en 1847 par le comte Adrien de Mailly, fils unique du maréchal. Un buste semblable se trouve dans le petit salon du château de Verteuil, appartenant à Mme la comtesse de la Rochefoucauld, arrière-petite-fille du maréchal, et sœur de M. le marquis de Mailly-Nesle.

Portrait en pied du maréchal de Mailly,
peint par Ch. Monnet, peintre du roi, en 1785.

(Musée de Perpignan)

LE MARÉCHAL DE MAILLY

DERNIER COMMANDANT POUR LE ROI

A ABBEVILLE

I

LA famille de Mailly, l'une des plus anciennes et des plus considérables de la Picardie, s'est divisée en un certain nombre de branches ; celle d'Haucourt, issue de la branche aînée au XVe siècle, prit ce nom d'une terre qui fut apportée par la femme de l'auteur de cette branche [1].

Augustin-Joseph de Mailly est né au château de Corbion, paroisse de Villaines-sous-Lucé (Sarthe), le

1. Adrien de Mailly avait épousé par contrat passé au château de Mailly-Maillet le 19 octobre 1503 Françoise de Bailleul, qui descendait de Jean de Bailleul, roi d'Écosse ; elle apporta en dot à son mari la terre d'Haucourt (aujourd'hui commune du canton de Forges-les-Eaux, arrondissement de Neufchâtel, département de la Seine-Inférieure.

5 avril 1707 — et non le 2 mai 1708, comme le dit à tort M. l'abbé Ledru [1], — et fut ondoyé le même jour [2];

[1]. *Histoire de la maison de Mailly,* I, 509 ; le même auteur commet une autre erreur en intervertissant les prénoms, puisqu'il l'appelle constamment Joseph-Augustin.

[2]. Voici, au reste, l'acte de baptême d'Augustin-Joseph de Mailly tel que nous l'avons relevé nous-même sur les registres de la paroisse de Saint-Léonard d'Haucourt qui sont aujourd'hui déposés à la mairie de cette commune :

« Le seize aoust 1713, j'ai, François Hameau, curé d'Haucourt, conféré les cérémonies du batême au fils aîné de haut et puissant seigneur messire Joseph de Mailly, chevallier, marquis d'Haucourt, baron de Saint-Amand, Assigny, Saint-Léger, Cany, etc., et de haute et puissante dame madame Louise-Madeleine-Joseph-Marie de la Rivière, dame des terres de Corbion, Rosiers, Chantemesle, etc. ; ledit fils né le *cinq avril mil sept cent sept,* et batizé le même jour par Monsieur le Curé de Villaines-sous-Lucé, diocèse du Mans, lesdites cérémonies ayant été différées jusqu'à ce jour suivant la permission de monseigneur l'évêque du Mans, dont la teneur suit : « Nous permettons à Monsieur le marquis de Mailly de différer les « cérémonies du batême de l'enfant dont madame la marquise de « Mailly, sa femme, doit bientôt accoucher. La présente permission, « pour deux ans. Donné en notre palais épiscopal le trente mars « mil sept cent sept. Signé : LOUIS, évêque du Mans. » Ladite permission ayant été prolongée et, en dernier lieu, le dix-huit aoust mil sept cent unze pour deux ans par ledit seigneur évêque, ledit fils a été nommé AUGUSTIN-JOSEPH par messire Benjamin-Augustin de Cordouan-Langey, chevalier, marquis de Tetigny, et par demoiselle Marie-Joseph de Mailly comme procuratrice de haute et puissante dame madame Marie de Lomblon des Essarts, veuve de haut et puissant seigneur messire François de Clainchamp, chevallier, marquis de Bellegarde, brigadier des armées du Roi, commandeur de St Louis, suivant sa procuration du 4 de ce mois ».

Signé : « Benjamin-Augustin de Cordoüan-Langey, Marie-Joseph de Mailly, Joseph de Mailly d'Haucourt, Louise-M. J. M. de la Rivière de Mailly, Clermont d'Amboise, J. L. Chr de Mailly, Levasseur, Hameau, Nic. Gouche, vicaire d'Haucourt ».

M. V. Advielle a découvert au ministère de la guerre un extrait de cet acte de baptême ; il a eu la complaisance de nous en adresser une copie.

il était fils aîné de Joseph de Mailly, qualifié chevalier, marquis d'Haucourt, baron de Saint-Amand, seigneur d'Assigny, Saint-Léger, Cany et autres lieux, et de Louise-Madeleine-Josèphe-Marie de la Rivière, dame de la Roche-de-Vaux (aujourd'hui la Roche-Mailly), Corbion, Rozières, Chantemelle et autres lieux, qu'il avait épousée par contrat du 23 avril 1704 et par célébration du 21 mai suivant dans l'église de Trangé, près du Mans. Si l'on en croit le P. Simplicien, qui fit paraître en 1757 une *Généalogie de la maison de Mailly*, Joseph de Mailly se trouvait dans une situation de fortune fort précaire qui le mit dans l'obligation de se retirer du service militaire. Mais, s'étant marié richement, il put ensuite faire meilleure figure. Il se fixa dès lors dans le Maine, où se trouvent encore aujourd'hui ses descendants directs, qui sont les seuls membres existants de cette famille illustre.

Augustin-Joseph de Mailly embrassa de bonne heure la carrière militaire ; il entra au service en qualité de mousquetaire en 1726 ; le 13 mars 1728, il était enseigne au régiment de Mailly, et devint successivement guidon de la compagnie des gendarmes de la Reine avec rang de lieutenant-colonel le 31 mars 1733, sous-lieutenant des chevau-légers de Berry avec rang de mestre de camp le 25 mars 1734, capitaine-lieutenant de la compagnie des gendarmes de Berry le 16 avril 1738 et capitaine des gendarmes écossais le 11 janvier 1742 ; huit jours plus tard, en l'étude de Mᵉ d'Aoust, notaire à Paris, le comte de Mailly, « sous le bon plaisir du Roi, s'est par ces présentes, volontairement démis et démet de sa charge de capitaine-lieutenant des gendarmes de Berry pour en faire et disposer par Sa Majesté comme elle jugera à propos [1] ».

Augustin-Joseph de Mailly, que nous appellerons désormais le comte de Mailly, commença ses campagnes par le siège de Kehl en 1733, ainsi que nous le voyons par les provisions de maréchal qui lui furent accordées un demi-siècle plus tard et qui ont été publiées par M. l'abbé Ledru. En 1734, il se trouvait à l'attaque des lignes de Stolkossen et au siège de Philippsbourg et, en 1735, à l'affaire de Clausen. Il n'avait que trente-deux ans lorsqu'il fut décoré de la croix de Saint-Louis au mois de février 1740. L'année suivante, il était envoyé à l'armée du maréchal de Maillebois, qui opérait en Westphalie ; il s'avança jusque sur les frontières de la Bohême et de la Bavière et donna maintes preuves de bravoure en différentes occasions ; rentré en France avec la gendarmerie au mois de janvier 1743, le roi, pour le récompenser, lui conféra le grade de

---

1. Archives du ministère de la guerre ; communication de M. V. Advielle.

brigadier de cavalerie par brevet du 20 février [1].

1. Peu de temps après, le comte de Mailly présenta une requête au roi afin d'obtenir une augmentation de 20,000 livres au brevet de retenue de 80,000 livres qu'il avait déjà sur le prix de sa charge de capitaine-lieutenant de la compagnie des gendarmes écossais pour qu'il pût se mettre en état de rétablir sa troupe et de faire la campagne ; il fit valoir que, lorsqu'il obtint ce brevet de retenue, M. de Torcy, son beau-père, avait demandé qu'il fût employé une partie de 50,000 livres pour l'utilité de sa petite-fille. Mais cette faveur ne lui fut point accordée immédiatement, ce qui détermina madame de Mailly, la seconde femme du comte, à écrire à d'Argenson, ministre de la guerre, la lettre suivante : « Ce n'est point une recommandation, Monsieur, que j'ai l'honneur de vous présenter, mais une demande de ma part, vu la situation où je vois M. de Mailly dans un temps, où, après le refus du brevet de 20,000 livres qu'il demandait, il vient d'essuyer le procédé du monde le plus dur de la part de la famille de sa fille, en faveur de qui il avait bien voulu laisser donner une assurance de 50,000 livres sur le brevet de 80,000 livres. On lui refuse aujourd'hui ce qu'il avait bien voulu laisser accorder et quoique dans la situation où je le vois il ne veut point vous importuner, Monsieur, d'une nouvelle demande, je m'en suis chargée malgré lui, persuadée que, s'il est possible de faciliter cette grâce, vous ne me le refuserez pas à moi, Monsieur, qui vous le demande avec instance... Paris, ce 14 avril 1743 ».

Mais cette lettre demeura sans effet. C'est seulement le 1er décembre 1745 que le roi accorda au comte de Mailly un brevet de retenue de la totalité du prix de sa charge jusqu'au temps où son fils Louis-Marie aurait atteint sa dix-huitième année, et nomma ce dernier à cette charge par anticipation sous la condition toutefois qu'il ait été attaché au service pendant deux ans soit en qualité de guidon de la gendarmerie ou de toute autre place dont il aurait été pourvu.

En même temps, le roi accorda au comte de Mailly un brevet de retenue de 180,000 livres, prix de sa charge, et régla que, quand son fils en serait pourvu, le brevet de retenue serait restreint à la somme de 80,000 livres.

Le 1er avril 1751, la mort de M. de Surgères, enseigne des gendarmes d'Anjou, ayant fait vaquer un guidon, le roi l'accorda au frère du défunt, qui en paya le prix sur le pied de 30,000 livres ; cette somme était aux mains du trésorier général de la guerre à la disposition du roi ; on lui proposa de la faire toucher au comte de

Le 1er avril 1745, le comte de Mailly se trouvait à
l'armée du Rhin, où il concourut à la défense de
l'Alsace ; il prit part à l'affaire de l'île de Reynach, et
on le vit donner des preuves de l'intrépidité la plus
rare le jour de l'attaque des lignes de Wissembourg ;
un régiment de cavalerie et un régiment de dragons
venaient d'être mis en déroute par un corps de cavalerie ennemie lorsque le comte de Mailly fond sur cette
troupe à la tête de 150 gendarmes et la repousse jusque
dans ses lignes ; une troupe d'infanterie ennemie marche
au secours des siens : elle est culbutée à son tour ;
M. de Mailly charge de nouveau la cavalerie qui s'était
ralliée, la met en fuite pour la seconde fois, fait éprouver
le même sort à l'infanterie et reprend quarante officiers
français faits prisonniers ; quatre-vingt-quatorze gendarmes furent tués dans ces différentes charges, et
Mailly y eut un cheval blessé sous lui. Cette action
d'éclat lui valut les éloges du roi, auquel il fut présenté quelque temps après et qui lui accorda une
pension de 3,000 livres.

Le 1er mai 1745, le comte de Mailly était créé maréchal de camp, et il prit part en cette qualité au siège

Mailly pour diminuer d'autant le prix de sa charge, qui était de
180,000 livres et qui serait ainsi réduit à 150,000 livres ; le brevet
de retenue qu'il avait de 180,000 livres serait par suite réduit à
150,000 livres, et celui de son fils ne serait que de 50,000 livres.
Le roi mit *bon* et le comte de Mailly obtint satisfaction (Archives du
ministère de la guerre ; communication de M. Victor Advielle).

de Fribourg et à la bataille de Fontenoy (17 mai 1745).
Le roi lui conserva la compagnie des gendarmes écossais en faveur de son fils.

Au mois d'avril 1746, le comte de Mailly passait à l'armée d'Italie, dans laquelle il servait encore l'année suivante ; il y commandait un corps de réserve qui, après l'affaire d'Astie, contint les ennemis sur le Tanozo. La colonne droite de l'armée fut sous ses ordres à la bataille de Plaisance. Lors de la retraite de notre armée, il déploya tous les talents qu'on pouvait attendre du général le plus expérimenté et le plus brave. Il se distingua au passage du Pô, et une partie des arrière-gardes de l'armée lui fut confiée depuis Gênes jusqu'en Provence ; il contribua à la défense de cette province et à la reprise des îles de Sainte-Marguerite. Au passage du Var, deux bataillons des troupes du roi de Sardaigne furent forcés par Mailly ; il servit à l'affaire de l'Assiette, dont il attaqua les retranchements avec un corps de 2,400 hommes formant la colonne gauche de l'armée ; il y perdit 1,875 hommes et y reçut lui-même un coup de feu à la cheville.

Placé à la tête de l'arrière-garde de l'armée d'Italie, Mailly s'avança avec les grenadiers jusqu'à Briançon, s'opposa aux entreprises des ennemis, entra dans le comté de Nice et prit part au combat de la Roya. « Des preuves aussi multipliées de talents et de courage méritaient » d'être récompensées ; aussi, le 1er septembre 1747, le comte de Mailly était nommé commandant pour le roi à Abbeville et successivement lieutenant général le 10 mai 1748, inspecteur général de la cavalerie et des dragons le 21 mars 1749 [1] et lieutenant général au gouvernement du Roussillon et commandant en chef de cette province le 8 août de la même année.

En 1750, le roi chargea Mailly d'aller en Espagne complimenter en son nom l'infante-duchesse de Savoie, qu'il reçut ensuite à son passage dans le Roussillon.

Sous la date du 26 février 1754, le duc de Luynes note dans ses *Mémoires* (XIII, 170) que M. de Mailly venait d'être rappelé du Roussillon ainsi que l'intendant de cette province, M. de Bertin [2], à cause de difficultés

1. Le 22 juin 1747, le roi lui avait accordé une gratification de 8,000 livres sur l'extraordinaire des guerres pour le service d'inspection dont il avait été chargé à l'armée d'Italie à la place de du Cayla. Ayant fait en 1747 le même service d'inspecteur des troupes qui se trouvaient en Provence, en Languedoc et en Dauphiné, le comte de Mailly demanda la continuation de cette même gratification attendu qu'il n'était point encore pourvu de l'inspection que le roi lui avait promise ; il adressa au ministre un mémoire ainsi libellé : « Ayant plu au Roi de charger le comte de Mailly de l'inspection de la cavalerie d'Italie et S. M. ayant bien voulu en accorder les appointements par forme de gratification pour la campagne de 1746, le comte de Mailly demande la même grâce pour celle de 1747 ». C'est ce qui lui fut accordé. — Le 19 janvier 1753, le roi décida que, sur le restant des impositions du pays conquis pendant la dernière guerre, il sera donné une gratification de 20,000 livres au comte de Mailly pour l'année 1752. (Archives du ministère de la guerre).

2. Henri-Léonard de Bertin, comte de Bourdeilles, seigneur de Brantôme, premier baron de Périgord, né en 1709, fut conseiller au

survenues entre eux[1]. M. de Mailly remit à ses amis un mémoire dans lequel il justifiait sa conduite ; il n'en fut pas moins remplacé le 1er novembre 1753 dans le gouvernement du Roussillon par M. de Graville. Plus loin, le duc de Luynes dit que Mailly, auquel avait été conservée la lieutenance générale du Roussillon valant de treize à quatorze mille livres, fut exilé vers la fin du mois de février par une lettre de cachet ; comme on lui laissa le choix de celle de ses terres qu'il préférait, il se retira à Mailly-Raineval. Mais, cet exil, motivé par une lettre écrite à la noblesse du Roussillon par M. de Mailly à propos du vingtième, cet exil, disons-nous, ne fut pas de longue durée puisque le 26 août suivant le comte de Mailly se trouvait à la cour[2].

C'est sous la date du 8 avril 1758 que le duc de Luynes note le rappel de M. de Graville du Roussillon ; comme celui-ci s'était bien conduit dans ce gouvernement, il en fut félicité par le roi qui lui confia quelques jours plus tard le commandement de l'armée de Flandre. Le comte de Mailly obtint de retourner dans le

parlement à Paris en 1741, président au grand Conseil en 1750, intendant du Roussillon l'année suivante, intendant de Lyon en 1754, lieutenant de police à Paris en 1757 et contrôleur général de 1759 à 1763 ; il est mort en 1792.

1. Voir pour plus de détails les *Mémoires de M. Jaume*, p. 19 et suiv.

2. *Mémoires du duc de Luynes*, XIII, 329.

Roussillon [1]. C'est en 1753 qu'il avait été enlevé à son commandement ; il dut à la protection de Mme de Pompadour, dit M. Jaume [2], d'être employé quelque temps après aux armées du Roi en sa qualité de lieutenant général ; ce fut le 25 mai 1758 que Louis XV le nomma de nouveau, sur la recommandation de sa favorite, lieutenant général et commandant de la province, « sachant, disait-il, que le temps pendant lequel nous avions pourvu le sieur comte de Mailly en la charge de lieutenant général est expiré ». En rapportant ce passage des lettres du Roi, l'éditeur des Mémoires de M. Jaume ajoute fort judicieusement : « C'était là une formule qui servait à masquer la disgrâce. Le comte de Mailly ayant été nommé pour trois ans en 1749, son mandat aurait dû être renouvelé en 1752 [3] ».

1. *Mémoires du duc de Luynes,* XVI, 409. — Le 3 avril 1761, le roi décida que l'on continuera de servir au comte de Mailly la gratification de 20,000 livres dont il jouissait depuis qu'il avait été rétabli dans le gouvernement du Roussillon, « et ce pour le dédommager des dépenses considérables qu'il avait dû faire par le passé dans ce commandement et pour le dédommager aussi de celles qu'il est obligé de faire pour la représentation ». Le roi décida en outre que M. de Mailly serait employé avec le traitement attribué à ce grade dont il devait jouir tant qu'il serait pourvu d'un ordre pour commander en Roussillon. Le roi lui accorda encore le traitement de lieutenant général sans interruption pendant le temps de guerre soit comme employé à l'armée ou autrement. (Archives du ministère de la guerre).

2. *Mémoires,* publiés par M. l'abbé Torreilles, p. 94.

3. Ibid., note 2.

On verra plus loin à quelles causes il dut d'être dis-gracié momentanément.

Quant à M. de Bertin, intendant du Roussillon, il fut envoyé en la même qualité à Lyon et devint plus tard ministre et contrôleur général des finances ; il fut remplacé dans l'intendance du Roussillon par Louis-Guillaume de Bon, marquis de Saint-Hilaire, baron de Fourques, commandant et gouverneur de Marseille ; il exerça ces fonctions jusqu'en 1773.

Dans la guerre dite de Sept ans, qui commença en 1756, le comte de Mailly fut employé à l'armée sous les ordres du maréchal d'Estrées, et, le 26 juillet 1757, il se trouvait à la bataille d'Hastenbeck ; le 5 novembre, il prenait part à la bataille de Rosbach, où il comman-dait deux brigades sous le prince de Soubise ; blessé d'un coup de sabre à la tête, il fut renversé à terre sans connaissance et fait prisonnier.

D'après une lettre écrite de Paris le 15 novembre et reproduite dans les *Mémoires* du duc de Luynes (XVI, 245), on était sans nouvelles du comte de Mailly ; on ignorait ce qu'il était devenu. Sous la date du 1er dé-cembre suivant, le duc de Luynes écrit que M. de Mailly d'Haucourt, fait prisonnier à la bataille du 5 novembre, vient d'arriver à la cour ; le roi de Prusse lui avait accordé une permission de deux mois, « y compris le temps du voyage en allant et venant ; il a été dix-sept jours en chemin, ainsi il ne fera pas long séjour dans ce pays-ci [1] ». Le 26 décembre, le roi de Prusse accordait à M. de Mailly une prolongation de congé ; la lettre aimable qu'il lui adressa à ce sujet a été reproduite dans les *Mémoires* du duc de Luynes [2]. En 1759, Mailly était échangé contre un des officiers de Frédéric. Rentré à la cour, il eut le courage de déclarer que le maréchal de Soubise avait montré beaucoup de valeur personnelle dans cette journée si malheureuse pour lui et pour la France.

L'année suivante, le comte de Mailly se rend à l'armée d'Allemagne, où il fait les campagnes de 1760, 1761 et 1762 ; les détachements qu'il commande sont sans cesse cités pour leur belle conduite et les succès qu'ils remportent [3].

1. *Mémoires du duc de Luynes*, XVI, 257.

2. *Ibid.*, XVI. 365 ; cette lettre se trouve aussi dans l'*Histoire de la maison de Mailly* par l'abbé Ledru, II, 350 ; l'auteur a fait figurer plusieurs autres lettres de Frédéric au comte de Mailly, qu'il avait en grande estime.

3. D'après un état dressé en 1763, M. de Mailly touchait alors les traitements suivants :

Pension de 3,000 livres sur le Trésor royal (affaire de Wissembourg), net	2,700 livres
Inspection (bataille de Plaisance)	8,000
Lieutenance générale du Roussillon (17,000 livres), net	13,160
Commandement d'Abbeville (8,000 livres), net . .	7,060
Gratification annuelle	20,000
TOTAL	50,920 livres

(Archives du ministère de la guerre).

A la paix, Mailly se rendit dans son commandement du Roussillon, qu'il ne devait plus quitter et où nous allons le suivre désormais.

On trouve dans un ouvrage récemment publié, *Mémoires du chevalier de Mautort* (Paris, Plon, 1895, p. 20), un curieux portrait du commandant du Roussillon. L'auteur fut présenté à ce dernier en qualité d'Abbevillois et comme volontaire au régiment de Champagne en garnison alors à Perpignan. « Ce comte de Mailly, dit M. de Mautort, était un homme assez extraordinaire pour que j'en rapporte ici quelques traits. Il était connu à la cour de Louis XV sous les noms de marquis de Tuffières, baron de Montorgueil, qui sont ceux du Glorieux dans la comédie de ce nom. Quand il arrivait de Paris pour résider dans son gouvernement, il était annoncé d'avance par plusieurs courriers qui se succédaient. Il recevait avec emphase les visites des différents corps, de l'état-major et des magistrats. Il conservait la garde d'honneur due aux gouverneurs seulement le jour de leur arrivée, mais qu'il est d'usage de renvoyer. Il avait en outre, tout le temps de sa résidence, indépendamment de la garde extérieure attribuée à sa place, les six gardes de la connétablie qui faisaient le service dans son antichambre, à l'instar des gardes du Roi. Peu de temps après son arrivée, il annonçait qu'il irait tel jour à la parade.

Effectivement, il venait en grand uniforme, passait dans les rangs de la garde qu'il trouvait toujours très bien, lui faisait donner vingt-cinq louis, voyait défiler la parade et s'en retournait fort satisfait de lui-même. Il était toujours en souliers à talons rouges : il n'en mettait pas même d'autres lorsqu'il allait à la chasse dans une garenne qu'il avait fait arranger dans un des fossés de la place. Il donnait des fêtes de temps en temps. C'est principalement dans ces occasions qu'il rassemblait davantage encore ses grands airs et sa dignité. Malgré toutes ces manières qui, au récit, paraissaient devoir le rendre insupportable à ceux qui l'approchaient, cette suffisance n'étouffait pas en lui plusieurs qualités. Il était obligeant et aimait à rendre service. Il ne tracassait personne, mais il ne fallait pas que ce qui était sous ses ordres essayât de lutter contre lui. Son orgueil alors se trouvait compromis, et il n'abandonnait pas la partie qu'il n'eût eu satisfaction de ceux qui avaient paru méconnaître son autorité. La garnison allait beaucoup chez lui et n'avait qu'à s'en louer ».

Nommé en 1771 directeur général des camps et armées des Pyrénées, des côtes de la Méditerranée et des frontières des Alpes et, le 2 février 1776, chevalier des ordres du roi, Mailly obtenait une dernière distinction, celle de maréchal de France que Louis XVI lui accorda par lettres données à Versailles le 14 juin 1783.

A la suite du portrait de M. de Mailly qu'en a tracé le chevalier de Mautort, celui-ci ajoute que, peu de temps avant sa mort, Louis XV avait fait une promotion de sept maréchaux de France. « C'était un composé fort extraordinaire, dit-il ; la plupart, attachés à la cour depuis des temps infinis, avaient perdu de vue le militaire. Ils durent être bien étonnés de se voir élevés au grade de maréchal de France. On ne le fut pas moins à Paris et on rit beaucoup de cette singulière promotion. On les comparait plaisamment et avec assez de justesse aux sept péchés capitaux. L'un était l'envie ; l'autre, la luxure ; celui-ci, la colère, la gourmandise, la paresse, etc. M. de Mailly fut de cette fameuse promotion. On juge bien qu'on lui donna l'orgueil pour attibut [1] ».

Ce récit est assurément fort plaisant, mais il manque d'exactitude. L'auteur, qui écrivait ses souvenirs en 1796, pendant l'émigration, s'est trop fié à sa mémoire, qui l'a trahi, puisque le comte de Mailly fut promu maréchal de France en 1783 par Louis XVI et non par Louis XV.

Le chevalier de Mautort s'est montré injuste dans le portrait qu'il a tracé du comte de Mailly ; il ne pré-

1. *Mémoires du chevalier de Mautort,* p. 21.

sente cet officier général que sous ses petits côtés, en rapportant des commérages et des cancans ; il semble que les grandes lignes lui aient échappé. M. de Mautort, homme de valeur assurément, était arrivé capitaine très jeune et sans grand effort ; ce devait être une raison pour juger moins légèrement un officier supérieur qui comptait alors plus de vingt campagnes brillantes. Il ne pouvait guère y avoir que les officiers généraux du temps de Mailly, — lesquels ne quittaient que rarement Versailles, — pour faire un grief à l'un de leurs collègues qui donnait l'exemple du contraire.

Un autre auteur, M. l'abbé Ph. Torreilles, qui a publié de bons et excellents travaux sur le Roussillon, ne nous paraît pas tendre pour le comte de Mailly, auquel il reproche d'avoir été d'une activité dévorante, et l'accuse de s'être occupé de tout, d'être présent partout. « Le commandant de la province, le maréchal comte de Mailly, dit-il, contraste avec son chef hiérarchique (le maréchal de Noailles, gouverneur du Roussillon) par le faste dont il s'entoure et l'autorité de ses manières. De 1750 à 1789, en tout et partout, c'est lui qu'on voit et l'on ne voit que lui, qu'il s'agisse de réunions privées ou de fêtes publiques. Au Conseil souverain, il est chevalier d'honneur ; à la cathédrale, il a sa stalle et porte même le titre de chanoine honoraire [1] ; l'Université l'appelle son Mécène, les hôpitaux, leur protecteur, Port-Vendres, son fondateur, et, quand il se montre, c'est toujours entouré d'une cour de clients et de dames, comme ces patriciens de l'antique Rome, qui entretenaient des parasites pour en imposer à leurs concitoyens [2]. » Et plus loin, il ajoute : « Ce commandant de province, que nous avons vu enfiévré de gloire et d'honneurs, agit dans la province en despote omnipotent et omniprésent. Envahissant et audacieux par nature, il a en tête mille projets civils, militaires, ecclésiastiques, tous excellents à ses yeux, qu'il veut réaliser coûte que coûte [3] ».

C'est par les *Mémoires* de M. Jaume, qu'il vient de publier, que M. l'abbé Torreilles a porté un jugement si sévère sur le maréchal de Mailly [4]. Or, quels sont

---

1. Voir une plaquette très rare intitulée : *Création d'une première chanoinie d'honneur héréditaire pour monseigneur le comte de Mailly, marquis d'Haucourt, ses hoirs et successeurs chefs de sa maison dans l'église cathédrale de Perpignan, à perpétuité, du 12 août 1758.* Perpignan, Guillaume-Simon Lecomte, 1758. In-4°.

2. *Mémoires de M. Jaume, avocat au Conseil souverain, professeur à l'Université de Perpignan ; — notes et introduction par M. l'abbé Ph. Torreilles, professeur au grand séminaire.* Perpignan, Ch. Latrobe, 1894. In-8°. LXII-216 pp., p. XXIX.

3. *Ibid.*, p. XXXI.

4. Toutefois, le même auteur dit dans une excellente étude sur *Les Élections de 1789 en Roussillon* que le maréchal de Mailly était « généreux à l'excès, mais d'une vivacité que l'on prendrait quelquefois pour de la grossièreté si l'on ne savait que l'on a affaire à un soldat plus criard que méchant ». (Société agricole, scientifique et littéraire des Pyrénées-Orientales, t. XXXII, année 1891, p. 449, note 2).

ces *Mémoires* ? Ce sont ceux d'un honnête bourgeois, routinier par tempérament, détestant les novateurs en particulier et la noblesse en général ; de la lecture de son livre, il se dégage cette impression que l'auteur n'avait aucune grandeur dans les idées et n'attachait d'importance qu'à des faits d'un ordre moins que secondaire ; des minuties, des mesquineries, des anecdotes souvent puériles et, par-dessus tout cela, un égoïsme qui s'étale complaisamment, voilà le fond de ces *Mémoires* ; d'où il ressort que l'auteur n'était point en situation de juger avec toute l'envergure nécessaire l'administration si féconde en heureux résultats du commandant en chef du Roussillon.

Mais la sévérité des jugements de M. Jaume n'a rien qui doive surprendre : les inférieurs semblent se grandir en rabaissant leurs supérieurs ; c'est un sentiment inhérent à la nature humaine. Par les mémoires qui se publient journellement, ne voit-on pas leurs auteurs, dont les noms sont à peine connus, nier les actions glorieuses et attaquer la mémoire d'hommes éminents

Dans une savante étude sur *l'Université de Perpignan avant et pendant la Révolution française* publiée dans le XXXIIIe volume de la Société agricole, scientifique et littéraire des Pyrénées-Orientales (année 1892, pp. 273-386), M. l'abbé Torreilles prend à partie le maréchal de Mailly et le malmène assez durement (p. 285) ; on sent que l'auteur s'en rapporte trop à M. Jaume, dont il n'aurait dû accepter les appréciations que sous réserves ; la science de l'historien ne consiste pas à dire tout, mais ce qui est nécessaire.

dont les noms étaient pour nous synonymes de bravoure, gloire, talents militaires, et dont les hauts faits sont écrits sur nos monuments publics ? Il n'y a rien d'étonnant à ce que, sur un terrain bien moins vaste, le maréchal de Mailly ait été l'objet d'attaques de la part d'un modeste robin. Au reste, le bon M. Jaume écrivait après 1800 ; à cette époque, il était de mode de s'en prendre aux hommes et aux choses de l'ancien régime, et l'on pouvait attaquer impunément un général de la royauté.

Nous n'avons point la prétention de connaître l'histoire du Roussillon ni l'intention de donner l'historique du commandement de M. de Mailly dans cette province, mais il ne nous paraît pas admissible qu'il s'y soit montré tout l'opposé de ce qu'il fut à Abbeville, car, ainsi qu'on le verra plus loin, l'échevinage et les habitants de cette cité n'ont eu qu'à se louer du comte de Mailly ; c'est à l'esprit créateur et réformateur de cet officier général qu'ils ont été redevables de plusieurs établissements utiles.

Comme avocat au Conseil souverain, M. Jaume se trouvait en contact avec le comte de Mailly, qui présidait cette assemblée en l'absence du gouverneur ; des conflits s'élevaient parfois, surtout quand les membres voulaient faire prévaloir leurs idées étroites.

Dans ses *Souvenirs,* actuellement sous presse, le

maréchal de Mailly parle du Conseil souverain du Roussillon, dont il eut à se plaindre[1]; il est possible que, voulant sortir cette province de l'ornière dans laquelle elle roulait, il ait agi avec autorité, peut-être même avec violence, car les bons Roussillonnais devaient être horriblement arriérés, et le commandant en chef les gênait beaucoup. La postérité, quelquefois juste, a jugé en faveur du chef qui voulait des réformes et qui les accomplissait en froissant, il est vrai, les petits intérêts qui se sont révoltés et qui ont failli triompher. Sans sa ténacité, le comte de Mailly était envoyé en Dauphiné, commandement plus important, à la vérité, mais il tenait au Roussillon, et il y rentra; c'est surtout en raison des peines qu'il s'était données pour introduire de multiples réformes dans cette province qu'il désirait en conserver le commandement.

De même que tous les novateurs, le comte de Mailly fut incompris, méconnu de quelques-uns de ses contemporains parce qu'il allait à l'encontre de leurs idées, et, chose beaucoup plus grave, parce qu'il lésait

---

1. M. l'abbé Ph. Torreilles dit dans son ouvrage sur *Les Élections de 1789 en Roussillon* à la page 449 que le maréchal de Mailly proposa à cette époque la suppression du Conseil souverain et son remplacement par un bailliage royal; le mémoire qu'il rédigea à cet effet se trouve aujourd'hui aux Archives nationales, B. III. 119, f. 597 et suiv.

leurs intérêts. Le seul reproche fondé qui lui fut fait, c'est qu'il s'est montré altier, autoritaire ; il avait été élevé par un père extrêmement dur et sévère, aussi était-il peu aimé à la cour.

Ses parents, les Nesle, très en faveur auprès de Louis XV, employèrent leur influence à lui faire perdre son crédit. Le marquis de Mailly-Nesle, premier écuyer de la Dauphine, essaya même de le faire enfermer ; il parvint à obtenir qu'il fût exilé, ainsi qu'on vient de le voir plus haut, mais cet exil n'a été que momentané. A la suite des attaques continuelles dont il était incessamment l'objet de la part de ses parents, le comte de Mailly se brouilla tout à fait avec eux, et notamment avec Mme de Châteauroux.

Il est bien évident que les grades accordés à Mailly ne lui ont point été donnés par faveur, mais qu'ils ont été conquis par sa valeur personnelle. Il faut qu'il ait donné mille preuves d'un réel mérite et rendu de bien grands services à son pays pour arriver au bâton de maréchal, étant données les inimitiés qu'il s'était créées parmi les personnages influents de l'entourage du roi. Il ne faut pas perdre de vue que le xviiie siècle était une époque de décadence, et que le pouvoir absolu reposait entre des mains bien faibles et bien débiles. Le comte de Mailly serait certainement arrivé plus haut s'il eut eu plus de souplesse ; les supériorités portent toujours ombrage aux médiocrités. Les hommes de caractère faisaient exception à cette époque, aussi étaient-ils jalousement tenus à l'écart.

Les auteurs locaux qui se sont occupés de l'histoire du Roussillon au siècle dernier ne tarissent point en éloges sur le commandant; dans ce concert, il n'y a qu'une voix discordante, celle de M. Jaume. Cette province changea de face sous l'autorité paternelle de M. de Mailly et, au moment de la Révolution, elle était devenue riche et florissante; lorsqu'il en avait pris possession en 1749, il l'avait trouvée dans un véritable désordre tant au point de vue militaire qu'au point de vue administratif. Il rectifia l'abus du service des places, s'occupa du rétablissement des casernes et des hôpitaux qu'il mit sur le meilleur pied, fonda une université et une bibliothèque publique sans que cette dernière fût onéreuse à la province ni au roi, s'occupa du commerce, notamment avec l'Espagne, et des routes sillonnèrent le pays. « Les établissements sans nombre qu'il y a formés, dont plusieurs à ses propres frais, est-il rappelé dans ses provisions de maréchal de France, sont autant de monuments de son zèle, de son humanité, de sa bienfaisance et de ses lumières. »

L'intérêt qu'il ne cessa de porter à la province dont le commandement lui était confié lui valut les éloges des ministres; en 1759, le maréchal de Belisle, notamment, écrivait à M. de Mailly : « Toutes les vues que vous avez, Monsieur, pour le bien de l'État et l'intérêt de la province du Roussillon ne peuvent qu'être très agréables à Sa Majesté, qui voit avec satisfaction la réunion du zèle, de la prudence et des lumières dans ce que vous proposez. Ce sont les dispositions qu'elle m'a témoignées lorsque je lui ai rendu compte des soins que vous avez donnés au rétablissement de l'université de Perpignan, et des moyens que vous avez proposés pour l'exécution d'un projet si nécessaire...[1] »

Nous devons à l'extrême obligeance de notre excellent confrère, M. Vidal, conservateur de la bibliothèque de la ville de Perpignan, la communication de différentes brochures devenues très rares, et qui nous ont été fort utiles; nous tenons à lui en témoigner ici toute notre gratitude.

Parmi ces brochures, nous citerons notamment : 1° *Discours pour la présentation des lettres de M. le marquis de Mailly, lieutenant général de la province de Roussillon en survivance de M. le comte de Mailly, son père, prononcé au conseil souverain de la même province le 19 octobre 1773*, par Me Fossa. Perpignan, J.-F. Reynier, s. d., in-4°, 41 pp. (Exemplaire en maroquin rouge aux armes de Mailly). 2° *Éloge de M. le maréchal de Mailly, précédé*

1. Mémoires de la Société agricole, scientifique et littéraire des Pyrénées-Orientales, t. VIII, p. 265.

d'un coup d'œil historique sur les principaux événements militaires du règne de Louis XV, par J. Lacroix. Perpignan, P. Tastu, s. d. (vers 1820). In-8°, 56 pp. 3° *Mailly ou le tribut de la reconnaissance,* ode par A.-J. Carbonnell. Perpignan, J. Alzine, 1820. In-8°, 32 pp. 4° *Éloge de Joseph-Augustin de Mailly,...* par Jaubert-Campagne. Perpignan, J. Alzine, 1821. In-8°, 48 pp. 5° *Éloge du maréchal de Mailly,...* par J. Mercadier. Perpignan, J.-B. Alzine, 1862. In-8°, 32 pp. ; ces deux éloges ont été couronnés le premier par la Société d'agriculture des Pyrénées-Orientales en 1820 et le second par la Société agricole du même département en 1862.

Un Perpignannais, M. Delpech, ancien maire d'Amiens, a aussi fait l'éloge du maréchal de Mailly dans son discours de réception à l'Académie d'Amiens prononcé le 13 janvier 1884 : *le Roussillon avant la Révolution et le maréchal de Mailly...*[1]

Nous citerons encore : *Histoire du Roussillon* par Jean de Gazaniola, ... Perpignan, 1857, in-8° ; *le Guide du Roussillon,* ... par D.-M.-J. Henry. Perpignan, 1842, in-12.

Sauf M⁰ Fossa, qui prononça son discours du vivant du comte de Mailly, les auteurs des autres brochures ont écrit plus ou moins longtemps après la mort de l'ancien commandant en chef du Roussillon ; ils ne sauraient

1. Amiens, impr. H. Yvert, 1884. In-8°, 33 pp.

donc être accusés de partialité ni de flatterie ; or, tous
se plaisent à reconnaître les services éminents rendus à
la province par le maréchal de Mailly. La ville de Perpignan lui doit sa première salle de spectacle régulière,
une foire franche, une école des haras, un champ de
mars, la réparation de ses fortifications, une école militaire créée en 1753 où les enfants des nobles étaient
seuls admis, et où l'on enseignait les mathématiques,
l'escrime, l'équitation, etc.; le rétablissement du couvent
des Enseignantes, où les jeunes personnes de parents
peu aisés recevaient l'instruction gratuite; la construction en 1759 d'un superbe bâtiment destiné à l'Université régénérée [1] sans qu'il en eût rien été coûté au roi ni
à la province, mais le commandant participa de ses

1. C'est par ordonnance de Pierre IV d'Aragon datée du
12 avril 1349 qu'avait été fondée l'université de Perpignan, mais
elle avait perdu tout son éclat lorsque les Français s'emparèrent du
Roussillon au XVIIe siècle ; elle ne reprit son ancienne splendeur
qu'un siècle plus tard, car « il fallut attendre que l'homme bienfaisant et qui a laissé de si longs souvenirs dans le cœur des Roussillonnais » fût envoyé comme commandant en chef de cette province.
« Cet homme remarquable et qui s'était identifié avec les intérêts du pays,
dit un Roussillonnais en parlant de M. de Mailly, en fut nommé, en
1749, gouverneur particulier [a]. (Le comte de Noailles en était le gouverneur général, mais il avait résidé constamment à Paris). M. de Mailly,
toujours actif et vigilant comme un père pour tout ce qui concernait le
Roussillon, intercéda : grâce à cette puissante intervention, l'Université
fut entièrement reconstituée ». (*Notice historique sur le rétablissement de
l'Université de Perpignan sous la domination française,* par M. Morer, dans
le VIIIe volume des mémoires de la Société agricole, scientifique et
littéraire des Pyrénées-Orientales, pp. 261 et suiv. 1851).

a. C'est une erreur, puisqu'il était commandant en chef.

propres deniers aux dépenses du local pour une somme de 22,000 livres [1] ; les revenus de l'hôpital général de la Miséricorde furent assurés et augmentés et, en 1778, M. de Mailly y fonda douze places pour des pauvres de la ville ; « non content d'appuyer cet établissement de son crédit, M. de Mailly les aidait encore de sa bourse [2] ».

Le Roussillon lui est redevable de la construction de la route d'Espagne, de l'amélioration des canaux d'arrosage, de la suppression des traites et de tous les droits locaux dans la province ; plus de 12,000 arpents de vignes furent plantés dans des terrains demeurés incultes jusque-là, aussi l'exportation des vins s'éleva-t-elle annuellement à plus de 14,000,000 de livres ; 18,000 gardes-côtes furent organisés par ses soins ; un pont sur le Tech, torrent qui traverse la route de Perpignan à Port-Vendres, fut commencé. La situation de Port-Vendres avait frappé Vauban, à la sagacité duquel rien n'échappait ; il proposa sans succès de fortifier cette

1. Le local de l'Université était abandonné depuis 1745 ; cinquante mille livres étaient nécessaires pour la construction d'un nouveau local ; par acte passé par-devant notaire le 29 février 1760, le comte de Mailly se porta caution de cette somme et promit en outre de l'obtenir du roi. (*L'Université de Perpignan avant et pendant la Révolution française*, par M. l'abbé Ph. Torreilles, dans le XXXIIIe volume des Mémoires de la Société agricole, scientifique et littéraire des Pyrénées-Orientales, 1892, p. 275).

2. Notice sur le maréchal de Mailly à la suite d'une ode par François Méric dans le XIVe volume des Mémoires de la Société agricole, scientifique et littéraire des Pyrénées-Orientales, p. 202.

ville. Plus tard, le maréchal de Mailly remit sur le tapis les idées du ministre de Louis XIV, et il fut assez heureux pour obtenir du roi quinze années d'exemption de tout impôt pour ceux qui voudraient bâtir à Port-Vendres. Dès 1775, on avait travaillé au curage et à l'agrandissement du port ; cinq ans plus tard, on éleva un monument en l'honneur de Louis XVI sur une belle place carrée en face du port ; ce monument, qui est un obélisque mesurant quatre mètres à la base et près de vingt-sept mètres de hauteur, portait l'inscription suivante :

DU RÈGNE DE LOUIS XVI

CE PORT SERA A JAMAIS UN MONUMENT DE SA BIENFAISANCE, UN REFUGE A TOUTES LES NATIONS, UN ASILE A LA MARINE MILITAIRE ET UN MOTIF DE RECONNAISSANCE ENVERS UN MONARQUE QUI NE RÈGNE QUE PAR SES BIENFAITS.

AN. M. DCC. LXXX.

« Cet obélisque, dit Jaubert-Campagne, est élevé à cent pieds du niveau de la mer et peut en être aperçu à plus de dix lieues au large ; le socle et le pavé de son pourtour sont de marbre rouge et blanc de Villefranche ; le dé et l'obélisque en marbre blanc d'Estagel, en Roussillon, les draperies, poupes de vaisseaux et tortues en bronze doré. L'obélisque est terminé par un globe terrestre couronné d'une fleur de lis ; ce monument est entouré d'une grille aux quatre angles de laquelle sont des piédestaux qui portent des trophées allégoriques aux quatre parties du monde[1] ». Ces bas-reliefs furent arrachés en 1793 et figurent aujourd'hui au musée de Perpignan.

Du rétablissement du port de Port-Vendres, qui servit dès lors de refuge à des frégates suédoises en détresse[2], résulta une grande émulation pour les défrichements, ce qui amena une plantation considérable de vignes, de sorte que les vins furent à partir de ce moment la principale partie du commerce du Roussillon.

Le maréchal de Mailly ayant annoncé à l'université de Perpignan qu'il avait l'intention de lui offrir son buste en marbre pour être placé dans la salle de ses séances, le recteur convoqua aussitôt ce corps savant qui se réunit le 17 novembre 1784 à l'effet de délibérer sur l'offre qui lui était faite.

Au début de la séance, le recteur prit la parole et, après qu'il eut fait connaître le but de la réunion, il rappela les bienfaits du maréchal en faveur de la ville de Perpignan et du Roussillon : construction de l'université, création de chaires nouvelles, dona-tion d'un jardin des plantes[3] et d'une serre d'ar-

1. *Éloge de Joseph-Augustin de Mailly*, p. 48.
2. Voir aux Archives nationales un mémoire coté K. 1221, n° 5².
3. Il se dépouilla de ce jardin des plantes en faveur de l'université de Perpignan, et lui en assura la propriété en obtenant des lettres patentes du roi Louis XV ratifiant ce don ; en reconnaissance de cette libéralité, l'université fit placer cette inscription sur la princi-pale entrée : CONCESSIT FUNDUM LODOIX ET MALLIUS HORTUS.

bustes [1], établissement de cours de botanique, d'anatomie, d'opérations chirurgicales, de bandages, de physique et d'histoire naturelle [2], fondation d'une bibliothèque publique [3], etc., etc.

L'université fut unanime à accepter le présent que voulait lui faire le commandant en chef; il fut décidé que son buste serait « placé dans la salle des actes littéraires, à l'endroit le plus apparent et le plus honorable »; il fut arrêté en outre que le recteur se rendrait en députation avec les quatre doyens et quatre docteurs des quatre facultés chez le comte de Mailly pour le remercier et lui remettre un extrait de la délibération [4].

C'est le 2 juillet 1786 qu'eut lieu avec un éclat extraordinaire l'inauguration de ce buste; il avait été décidé qu'on lui rendrait les mêmes honneurs qu'au maréchal en personne [5]. L'université avait invité tous les ordres et tous les corps de la province, qui s'empressèrent de répondre à son appel. Dans cette

1. Cette serre fut construite dans le jardin des arbustes aux frais du commandant en chef.

2. En 1779, M. de Mailly fonda des prix annuels pour l'université, consistant en une médaille d'or et une médaille d'argent pour chacune des quatre facultés.

3. La bibliothèque s'enrichit des dons particuliers de M. de Mailly, qui obtint en outre en sa faveur un exemplaire de tous les ouvrages qui s'imprimaient au Louvre.

4. *Assemblée générale de l'Université de Perpignan tenue le 27 novembre 1784.* Perpignan, J.-F. Reynier, 1785, in-4°, 9 pp.

5. Morer, *loc. cit.*

grande fête de famille, plusieurs discours furent pro-
noncés. Le recteur, M. Marigo-Vaquer, retraça la brillante carrière militaire du maréchal de Mailly et rappela
les institutions utiles que lui devait le Roussillon en
général et sa capitale en particulier. « Oui, Messieurs,
s'écria l'orateur en terminant, il sera toujours parmi
nous ce vaillant guerrier, ce héros bienfaisant, ce protecteur des lettres ; qu'environné de gloire, il vive à
jamais ; que nos muses ramassent les lauriers dispersés
autour de lui pour lui en composer une couronne ;
que, rassemblées au pied de son buste, elles réunissent
à leurs sentiments ceux de la province et de la nation ;
qu'elles exaltent sans cesse ses vertus, ses bienfaits ;
qu'elles disent à nos descendants ce qu'il a fait, ce
qu'il a voulu faire, et que la postérité, instruite de ses
actions par les monuments élevés dans le Roussillon,
vienne contempler ici des traits qu'un ciseau habile a su
si bien nous transmettre, et lire enfin comme nous avec
transport cette inscription digne de notre héros, inscription que la tendresse et la vérité ont surpris à sa modestie :

IL COMBATTIT TOUTE SA VIE ; IL VAINQUIT LES ENNEMIS DE
L'ÉTAT ET LES SIENS ; IL N'EUT D'AUTRE GUIDE QUE L'HONNEUR
DONT IL REÇUT LA COURONNE ; IL FIT LE BONHEUR DE LA PROVINCE
DONT LE COMMANDEMENT LUI FUT CONFIÉ, ET C'EST AUX MILITAIRES
ET AUX PEUPLES QU'IL APPARTIENT DE FAIRE L'ÉLOGE DE SES
VERTUS [1].

1. *Procès-verbal de l'assemblée générale et publique de l'Université de
Perpignan tenue le 2 juillet 1786 pour l'inauguration du buste de mon-*

Et le même orateur ajoutait en parlant de cet illustre bienfaiteur : « Il est tout aussi satisfait que nous-mêmes toutes les fois qu'il peut contribuer à étendre les connaissances dans une province qu'il chérit, et à nous procurer un nouveau degré de lustre ».

Le 18 juillet 1784, Mailly, qui n'avait cessé d'être en activité de service depuis cinquante-huit ans, supplia le roi de vouloir bien assurer ou faire passer dès ce moment, sur la tête de sa femme, la pension de 20,000 livres qu'il avait obtenue par décisions des 26 février 1761 et 16 janvier 1762 pour l'indemniser en partie de la somme de 430,000 livres qu'il avait justifié avoir dépensée tant pour avoir été porter les présents de Sa Majesté à l'infante d'Espagne, depuis reine de Sardaigne, l'avoir reçue en Roussillon, avoir ensuite réglé les limites et le passage libre des Pyrénées entre la France et l'Espagne que pour avoir fait les préparatifs convenables pour recevoir le roi d'Espagne à Lyon, où il devait passer pour se rendre de Naples à Madrid. Le maréchal faisait valoir que le sacrifice de ces 430,000 livres, dont le feu roi lui avait fait offrir le remboursement que sa délicatesse ne lui permit point d'accepter, — parce qu'alors les finances de l'État étaient

seigneur le maréchal comte de Mailly; ... Perpignan, J.-F. Reynier, 1786, in-4°, 21 pp. ; cette brochure et celle qui est mentionnée à la note 1 de la page 17 sont en la possession de M. le chanoine J. Gosselin à l'obligeance duquel nous en avons dû communication.

épuisées par la guerre — avait tellement dérangé sa fortune que, s'il venait à mourir avant sa femme, il ne resterait pas à celle-ci de quoi soutenir sa naissance et son rang si le roi n'avait la bonté de lui accorder la grâce qu'il sollicitait et « dont dépendait le bonheur de sa vie ». Par brevet du même jour, la grâce sollicitée fut accordée. A cette époque, le maréchal de Mailly jouissait des pensions et traitements suivants :

Pension sur le Trésor royal	3,000^l
Appointements comme commandant d'Abbeville	8,000
Traitement d'inspecteur de cavalerie .	8,000
Gratification annuelle	20,000
Appointements de maréchal de France	13,522 10^s
Lieutenance générale du Roussillon .	20,882
Commandement en chef du Roussillon	48,000
Pension de commandeur des ordres du roi	3,000
Total . .	124,404^l 10^s

A cette occasion, le maréchal présenta la déclaration de ses biens ; la terre d'Haucourt rapportait annuellement 14,000 livres ; celle de la Roche de Vaux, 10,000 livres ; ces domaines et l'hôtel de Mailly, situé rue de l'Université, à Paris, étaient grevés de 650,000 livres depuis la transaction intervenue au mois de février 1782

entre le comte de Mailly et son fils. Le maréchal ajoutait qu'il payait les intérêts de cette somme de 650,000
livres à l'aide des bienfaits du Roi, et il faisait observer
en même temps « avec douleur dans ce moment que le
retard depuis un an de ces mêmes bienfaits » l'avait
forcé de vendre une partie de sa vaisselle, dont il
venait d'envoyer le reste à la Monnaie [1].

Dans la liste des notables convoqués pour l'Assemblée
du 29 janvier 1787 [2], figuraient huit maréchaux de
France, entre autres Mailly ; les auteurs des *Mémoires
secrets pour servir à l'Histoire de la République des lettres*
font suivre son nom des lignes suivantes : « Commandant en Roussillon, dur, altier, a les qualités du militaire, mais non celles de l'administrateur [3]. » Nous ne
saurions laisser passer cette dernière appréciation sans
protester contre son inexactitude. Non seulement Mailly
était un officier général des plus distingués, mais il était
en même temps un administrateur habile, toujours en
quête d'améliorations utiles, sans cesse préoccupé de la
création d'établissements ou d'institutions philanthro-
piques, tant dans le Roussillon qu'à Abbeville et
dans son comté de Mailly-Raineval ; ce qui prouve

1. Archives du ministère de la guerre.

2. Cette assemblée fut sagement conduite et ses membres firent
acte d'administrateurs éclairés ; ils prévirent les événements qui se
préparaient.

3. 31 février 1787, t. XXXIV, p. 183.

surabondamment qu'il fut un administrateur sage, prévoyant, économe et éclairé, c'est que, après plus d'un siècle, son nom est encore aujourd'hui étonnamment populaire dans le Roussillon [1].

Dumouriez a rendu justice aux talents militaires du comte de Mailly; c'est en ces termes qu'il parle de lui dans un ouvrage, sans nom d'auteur, publié sous le titre : *Galerie des aristocrates militaires et mémoires secrets* (de la guerre de 1757) [2] : « Le comte de Mailly-d'Aucourt est fort spirituel et fort brave; il a même des talents militaires, mais il est impérieux, fier, entêté et insupportable à vivre, surtout avec ses égaux et ses supérieurs. Il avait à l'armée trop de luxe et de magnificence... »

En 1790, Louis XVI confia au maréchal de Mailly le commandement de l'une des quatre armées décrétées par l'Assemblée nationale. C'est sans doute à cette occasion que Mailly fit la déclaration suivante, dont l'original se trouve aux archives du ministère de la guerre :

« Vous appelez, Messieurs, un maréchal de France à faire son serment, et voici sa déclaration :

» Le serment, Messieurs, auquel vous m'invitez, est

---

1. La rue de l'Évêché à Perpignan porte le nom de rue de Mailly ainsi que la place de Port-Vendres où s'élève l'obélisque.

2. Paris, 1790. In-8⁰, p. 145 ; généralement, tout mémoire secret est pour le moins suspect.

celui que j'ai fait il y a plus de quatre-vingts ans, au moment de ma naissance.

» Je l'ai rempli depuis soixante-six ans par mes services envers la nation, la loi et le Roi, et je ne peux que le renouveler pour le reste de ma vie.

» Signé : LE MARÉCHAL DE MAILLY.

» Ce samedi 10 février 1790. »

Nous devons à l'extrême obligeance d'un chercheur habile et souvent heureux, M. l'abbé Ph. Torreilles, professeur au grand séminaire de Perpignan, la communication de la pièce suivante, qu'il a bien voulu nous adresser avec un empressement dont nous ne saurions trop le remercier.

« Minute de la lettre écrite par la municipalité de Perpignan à Monsieur le maréchal de Mailly.

« Perpignan, le 17 août 1790.

« MONSIEUR LE MARÉCHAL,

« Quoique nous aions appris avec une joye extrême la nouvelle marque de confiance dont le Roi vient de vous honorer en vous appelant au commandement général de l'armée du Midi, nous n'avons pu que regretter le bonheur que nous avions de vous posséder. Vous nous flattés néanmoins en nous annonçant que vous ne pourrés vous y fixer, mais nous n'en jouirons pas moins de la douce espérance de vous y revoir, ce qui ranime tous nos cœurs.

» Les citoyens à qui nous avons présenté, Monsieur le Maréchal, le dernier acte de votre dévoûment partagent avec nous la plus grande sensibilité et attendent avec impatience l'heureux instant où nous pourrons tous vous en témoigner la plus vive gratitude. Puissiez-vous être bien pénétré de cette vérité, tout comme de sentimens d'attachement et de respect avec lesquels nous sommes, Monsieur le Maréchal,

» Vos très humbles et très obéissants serviteurs[1]. »

Cette lettre fait bien voir en quelle haute estime les Perpignannais tenaient le commandant en chef du Roussillon. Et nous sommes persuadé que notre érudit et aimable correspondant, M. l'abbé Torreilles, se trouvera amené à modifier le jugement qu'il a porté sur le maréchal de Mailly d'après les mémoires du très partial et injuste M. Jaume. Au reste, dans l'une des lettres qu'il nous écrivait dernièrement, M. l'abbé Torreilles nous déclarait de fort bonne grâce qu'il ne demandait pas mieux que de se réconcilier avec le dernier commandant en chef du Roussillon. Disons, à la décharge de cet auteur, aussi laborieux que consciencieux, qu'il ne s'est occupé qu'incidemment du comte de Mailly. Nous nous

1. Archives communales de Perpignan, DD, 88.

féliciterions de le voir entreprendre une étude appro-
fondie, — comme lui seul saurait le faire, — sur l'administration si féconde du maréchal de Mailly dans le Roussillon; les documents ne lui feront pas défaut; il est à
la source, et il saurait nous présenter cette si intéressante figure sous son véritable jour.

Le 1ᵉʳ avril 1791, le Roi nommait le comte de Mailly
commandant des 14ᵉ et 15ᵉ divisions militaires. Mais
les événements se précipitaient, et, lorsque le vieux
maréchal eut appris la fuite de Louis XVI et de la
famille royale, il résigna ses fonctions de commandant
le 22 juin 1791.

« Soixante-six années passées dans les fatigues des
camps et les vicissitudes militaires, loin du faste de la
cour, dit le chevalier de Courcelles, n'avaient pas glacé
le courage de ce vieux général, digne rejeton d'une famille qui comptait tant de chevaliers recommandables
par leur fidélité et leur dévouement à leurs princes. On
le vit, à quatre-vingt-quatre ans, voler au secours de
son Roi, attaqué, le 10 août 1792, par une armée de
rebelles, et, se prosternant un genou en terre,
demander à Louis XVI, en lui présentant son épée, la
permission de combattre et de mourir à ses côtés. Sa
Majesté lui donna le commandement des troupes qui se
trouvaient au château, et ce fut lui qui dirigea la cou-

rageuse, mais inutile défense qu'y firent une poignée de gentilshommes et les gardes suisses [1]. »

D'après la relation d'un capitaine au régiment des gardes suisses, récemment publiée, le maréchal de Mailly avait été chargé par le Roi de la défense du château des Tuileries ; le même officier raconte que, pendant que donnaient l'artillerie et la mousqueterie de Santerre, le comte de Mailly demeura constamment à la fenêtre de l'appartement dans lequel il se trouvait depuis le début de l'attaque ; il fit riposter à coups de fusil par les soldats suisses et l'action devint générale [2]. Il se disposait à descendre par l'escalier de la reine, pour gagner le Pont-Royal, lorsque, insulté par un peloton d'insurgés en même temps qu'un brave officier qui avait servi sous lui, il eut la douleur de voir celui-ci massacré à coups de hache. Lui-même était sur le point de subir un sort pareil ; en ce moment, un homme du peuple, frappé de son air vénérable et de son grand âge, résolut de le sauver et y réussit. M. de Mailly, ramené dans

---

1. *État actuel de la pairie de France.* Paris, 1826, p. 255.

2. Comte d'Hérisson, *Autour d'une révolution.* (Paris, 1888, p. 224). Voir aussi *Œuvres du comte P.-L. Rœderer* (Paris, Firmin Didot, 1854, III, 242). L'auteur rapporte d'après le récit du colonel Pfiffer d'Altishofen que, lorsque le roi fut sorti, le maréchal de Mailly annonça à M. de Durler, capitaine au régiment des Suisses qui commandait une réserve de trois cents hommes, qu'il avait été chargé de la défense du château. « Il ne donna d'autre ordre que de ne pas se laisser forcer ; ce ne fut pas d'après cet ordre que se fit la première décharge des Suisses ».

son hôtel par cet homme, voulut reconnaître, par un don d'argent, ce service signalé. Mais son libérateur refusa, déclarant qu'il se trouvait assez récompensé d'avoir sauvé un honnête homme ; et il se déroba sans vouloir faire connaître son nom.

Huit jours plus tard, le vieux maréchal était arrêté et conduit à sa section, qui allait l'envoyer à l'Abbaye, lorsqu'un commissaire, s'étant levé, eut le courage de s'y opposer. C'est à ce nouveau libérateur qu'il dut d'échapper aux massacres de septembre.

Comme l'a fait remarquer l'un de ses panégyristes, Mailly, patriote avant tout, refusa de suivre les nobles en émigration. Il alla se réfugier, avec sa femme et son jeune enfant[1], au château de Moreuil[2], — et non Mareuil-Caubert, ainsi que l'ont dit à tort tous les auteurs locaux. Il pouvait se croire à l'abri des persécutions sanglantes, lorsque, le 7 septembre 1793, il était arrêté[3] sur l'ordre d'André Dumont, député à la Con-

1. Dans son *Histoire de Joseph Le Bon* (I. 263) M. Paris se trompe étrangement lorsqu'il dit que « M. de Mailly s'était retiré à la campagne avec sa bru *(sic)* et son petit-fils *(sic)*, encore au berceau ». Tout récemment encore, on a répété à tort que le maréchal avait été arrêté avec son petit-fils.

2. M. V. de Beauvillé, qui avait fait l'acquisition des archives provenant du château de Mailly-Raineval, dit que l'une des dernières lettres du maréchal est datée de Moreuil du 12 août 1793 *(Doc. inéd.*, IV, p. XXIX).

3. Nous ne savons sur quelles données repose le récit romanesque fait tout dernièrement de l'arrestation de M. et de Mᵐᵉ de Mailly,

vention nationale, et conduit à la citadelle de Doullens, où il entrait le 26 septembre. Dumont s'empressa de faire connaître « cette glorieuse capture » dans une lettre qui fut lue à la Convention, et que le *Moniteur* du 10 septembre a reproduite ; elle était ainsi conçue : « Je crois que tous les ci-devant ducs, comtes, vicomtes, marquis et leurs familles sont dans ce pays. D'arrestation en arrestation, j'extirperai ce chancre, et le département, une fois mis au vif, ne demandera plus que des soins... Dans les nouvelles arrestations, les Mailly, les Beuvron, les d'Harcourt, les de Ligne s'y trouvent compris... Les titres de noblesse sont saisis... J'ai fait conduire les premiers à la citadelle de Doullens avec le colonel des ci-devant gardes du corps du Roi, en cette ville... »

Le maréchal de Mailly, sa femme et leur enfant devaient demeurer enfermés dans la citadelle de Doullens pendant six longs mois. L'un des co-détenus, M. Guéroult de Bois-Robert, parle d'eux à plusieurs reprises dans ses mémoires, qui sont aujourd'hui en la possession de M. A. Braquehay [1]. Il note à la fin de septem-

que l'on prétend avoir fait sortir par une fenêtre de la bastille de droite du château de Moreuil ; on a omis d'indiquer les références de cette assertion fantaisiste et fort peu vraisemblable.

1. Mathieu-Charles-Marie-René Guéroult de Boisrobert, né le 26 novembre 1762, à Montreuil-sur-Mer, y est décédé le 31 mai 1843 ; il fut incarcéré dans la citadelle de Doullens par arrêté du 24 août 1793, et n'en sortit que le 24 juillet 1794 pour être enfermé à la prison des

bre l'arrivée à Doullens du maréchal de Mailly, qu'il dit par erreur être âgé de 89 ans, tandis qu'il n'en avait que 87, et, par contre, il rajeunit « sa charmante épouse » en ne lui donnant que 30 ans, alors qu'elle en avait 33. En même temps qu'eux arrivèrent un maréchal de camp, nommé Monteil, un capitaine des gardes du corps et plusieurs autres personnages ; le maréchal fut logé dans la maison du commandant, à côté de deux otages de Bruges.

Un jour que Darthé, commissaire de Joseph Le Bon, était venu à la citadelle de Doullens, deux fusiliers lui amenèrent la maréchale de Mailly, qu'ils accusaient d'avoir déchiré un papier en petits morceaux et de les avoir fait glisser entre ses jupes jusqu'à terre. M. Guéroult de Boisrobert ajoute : « Cette jeune femme, de la figure la plus intéressante, formait un contraste parfait dans le tableau que cette scène nous offrit. Je frémissais pour cette dame en voyant l'acharnement de ses accusateurs. Elle seule était calme (en apparence) ; on l'eut prise pour Minerve entourée de satyres. Mais non, c'étaient des monstres pis que des tigres altérés de son noble sang, qu'ils se croyaient à la veille de faire

Baudets d'Arras. Il a laissé de curieux mémoires que M. A. Braquehay a publiés presque en entier dans *la Picardie*, années 1873 et 1874, mémoires qu'il a eu l'excellente idée de rééditer tout récemment sous le titre : *La citadelle de Doullens sous la Terreur ; récit d'un détenu*. Douai, Delattre et Goulois, 1895. In-8°, 66 pages.

répandre sur un échafaud. La Providence, qui veille sur tout, eut pitié de cette bonne personne en lui donnant un courage d'homme joint à tous les agréments et toutes les vertus de son sexe ; elle nia avec le plus grand sang-froid l'imputation qu'on lui faisait d'avoir morcelé des papiers ; elle répondit toujours à tout ce que ces scélérats disaient pour la convaincre : « Je ne sais « ce qu'on veut me dire, je n'ai point déchiré de papiers »; et cela avec une douceur angélique et un air de candeur virginal. Ils en rageaient, les coquins, de ne pouvoir la déconcerter et de ne pouvoir lui faire avouer ce dont ils l'accusaient. Un d'eux, impatienté, cria : « Bah ! bah! « voilà bien des façons ; il n'y a qu'à la mettre dans la « brouette, si elle ne veut pas marcher, et l'envoyer au « cachot, cette b........là ».—A ce propos, j'ai tressailli pour elle. Enfin, après bien des questions infructueuses, ils prirent le parti de la mener dans sa chambre où, en présence de son respectable et très vieux époux, ils la fouillèrent indécemment, l'ayant fait mettre presque en chemise, ne lui ayant laissé qu'un petit jupon et un léger corset. Il fallut même qu'elle déchaussât ses bas pour convaincre ses persécuteurs qu'elle ne portait sur elle aucun papier suspect. Le pauvre maréchal, indigné et au désespoir du traitement qu'il voyait endurer à sa tendre épouse, s'écria du fond de son lit, où il était retenu par son grand âge : « Messieurs, tirez-moi plutôt

« un coup de fusil ; tuez-moi ; il me sera mille fois plus
« doux et plus aisé de mourir que d'être obligé de sup-
« porter et de dévorer un aussi cruel affront. » Enfin,
elle en fut heureusement quitte pour la peur[1]. »

Chaque jour, le geôlier réunissait les détenus et leur
faisait connaître les noms de ceux que le tribunal révolutionnaire appelait à sa barre ; cette lecture était toujours écoutée avec non moins d'attention que de crainte;
ceux dont le tour n'était point encore venu retournaient
à leurs occupations. M. de Boisrobert dessinait ou ri-
mait des romances dont il composait la musique ; il les
chantait à la maréchale de Mailly qui, dit-il, paraissait
les écouter avec un certain plaisir[2].

Quant au maréchal qui, comme la plupart des détenus
de marque, jouissait d'une liberté relative, il faisait assez
souvent sa partie de cartes ; mais il conservait ses allures
de grand seigneur, et, fidèle observateur de l'étiquette,
il n'admettait auprès de lui qu'un très petit nombre de
ses compagnons de captivité. Parmi ces derniers figuraient
plusieurs Abbevillois, tels que M. du Maisniel[3], Mme de

---

1. *La citadelle de Doullens sous la Terreur*, *loc. cit.*, p. 48.

2. Michel Braquehay, *Notice nécrologique sur M. Guéroult de
Boisrobert*, 1843.

3. Charles-Joseph du Maisniel, comte de Wattignies, fils aîné de
Charles-François, seigneur d'Aumâtre, et de Marguerite Becquin de
Vercourt; parmi les personnes qui étaient admises dans la société du
comte de Mailly, il fit la connaissance de Mlle Marie-Fernande-
Liévine-Joséphine-Colette de Lannoy, comtesse du Saint-Empire,

Boubers, née de Buissy [1], etc.; aussi, après les mauvais jours de la Révolution, ce n'était point sans une certaine fierté qu'ils rappelaient l'honneur que leur avait fait le maréchal de Mailly en les admettant dans son cercle.

« A quelques temps de là, nous apprend M. Guéroult de Boisrobert, les geôliers tirèrent un soir M. de Mailly de son lit et le conduisirent dans un cachot froid et humide, où il demeura de douze à quatorze heures, sans secours, sans nourriture, sans consolation, en proie à toutes les tristes réflexions de cet âge, séparé de son épouse, laissant un enfant en bas âge... Le lendemain, son domestique obtint par grâce d'aller voir si son maitre n'avait besoin de rien et lui remettre sa perruque. Il trouva le maréchal à genoux sur sa paille et à demi glacé. Dans tout autre temps, le domestique ne recevait que des ordres et ne s'avisait pas de donner de conseil, mais le malheur et la pitié égalisent tous les hommes. Il demanda à son maitre, dont la situation

chanoinesse de Denain, fille de Charles-François, seigneur de Rhinval et de Wattignies, décédé en 1792, et d'Alexandrine-Charlotte-Marie d'Hangouwart; elle était née à Wattignies, où elle fut baptisée le 12 novembre 1765 et, le 1er septembre 1794, elle épousait Charles-Joseph du Maisniel: elle est morte à Paris le 27 janvier 1852.

1. Anne-Charlotte-Elisabeth de Buissy, fille unique de Pierre, seigneur et châtelain de Long et de Longpré, et d'Anne-Elisabeth de Gaudin, était née le 5 mai 1770; elle avait épousé le 22 avril 1789 Amédée-Charles-Marie de Boubers-Abbeville-Tunc, comte de Boubers.

lui faisait saigner le cœur, s'il ne voulait pas bien prendre un verre de vin pour se ranimer les sens ; le maréchal lui répondit : « Oui, je le veux bien ; donne, et
« mets-moi ma perruque. » Tout en coiffant son maitre,
le domestique lui témoignait de son mieux l'expression
de sa sensibilité, et il cherchait à rassurer le maréchal
en lui disant qu'il ne lui arriverait rien, vu son grand
âge, terme auquel on ne condamnait plus à mort.

— « Va, va, reprit le brave militaire, un peu ranimé
« d'un bon gobelet de vin de Roussillon, ils ne me fe-
« ront jamais broncher. Qui? moi, craindre la mort?
« Elle a été plus de mille fois à mes côtés, et je l'ai
« toujours affrontée de sang-froid. Va, je saurai mourir
« comme j'ai vécu, avec honneur, toujours fidèle à mes
« devoirs et à mon Roi. Mais, hélas ! je n'ai que trop
« vécu ; il vaut mieux mourir mille fois que de se voir
« traité de la sorte. »

» Peu après, on le fit monter dans sa berline et on
l'emmena dans notre citadelle. Le maréchal avait bien
défendu qu'on avertit sa tendre épouse du moment de
son départ, mais ce fut en vain. Cette dame, après avoir
passé la nuit la plus cruelle, était toujours collée aux
fenêtres pour savoir si on lui rendrait son époux ; mais
cruelle attente ! Qu'elle fut bien déçue ! Elle vit arriver
la voiture près de la porte ; rien ne put la retenir dans
sa chambre ; elle accourut tout échevelée et toute défi-

gurée, ne fit qu'un saut jusqu'au fond de la voiture, et
là se précipita à corps perdu sur le corps glacé de son
vénérable époux qui, ferme comme un rocher, faisait
un contraste déchirant. Le vieillard était si écrasé et en
même temps si étonné de l'excès de son malheur, qu'il
y paraissait comme insensible. Quant à la maréchale, je
ne pouvais pas la reconnaître ; dans les expressions d'un
sentiment qui ne pouvait venir que d'elle, jamais on ne
se le fût persuadé par le simple témoignage des yeux. »
On parvint à « arracher la malheureuse dame des bras
de son vieil époux pour la reconduire, ou plutôt pour
la porter chez elle plus morte que vive, et la voiture
partit[1]. »

C'est le 28 ventôse an II (18 mars 1794) que le
maréchal de Mailly fut écroué à la prison des Baudets,
à Arras ; il y avait été envoyé par l'agent national du
district de Doullens, sur la poursuite de Joseph Le Bon[2] ;
celui-ci, dit M. Paris, confia à Darthé le soin de l'in-
terroger. Aussitôt, Darthé signa un ordre de comparu-
tion ainsi libellé : « Le commissaire du représentant du

1. *La prison de Doullens sous la Terreur,* pp. 60 et suiv.

2. Ce dernier avait profité du rappel d'André Dumont pour faire
transférer à Arras le maréchal de Mailly qui, certainement, n'aurait
pas été décapité si Dumont était resté à Amiens ; ce fougueux conventionnel n'était féroce que dans ses écrits, et, suivant sa propre
expression, il fit couler plus d'encre que de sang ; il sauva bon nombre de personnes de la guillotine, et la postérité, jugeant plus saine-
ment que ses contemporains, a commencé à le réhabiliter.

peuple Joseph Le Bon requiert le Comité de surveillance de faire conduire de suite au deuxième bureau du département le nommé de Mailly, ci-devant maréchal de France, détenu à Doullens, à présent à Arras. »

Après que la formalité de l'interrogatoire eut été remplie, Le Bon adressa les pièces à l'accusateur public : « Vu l'interrogatoire subi par le nommé Mailly, ci-devant maréchal de France; vu les pièces à sa charge, d'où il résulte qu'il est prévenu d'avoir souhaité la contre-révolution et de l'avoir fait espérer à son fils, arrête... » (Arrêt du 28 ventôse; greffe d'Amiens)[1].

On reprochait au maréchal d'avoir écrit à son fils, le 12 novembre 1792, une lettre trouvée à Doullens, dans laquelle il disait : « L'honneur de notre nom et particulièrement de notre branche, eût été porté au plus haut degré sans les circonstances; mais, si ces circonstances ne sont pas remplies, elles ne sont pas anéanties et un jour heureux les ramènera, non sur ma tête, mais sur la vôtre[2]. » Le sieur Potier, substitut, fit ressortir dans ces lignes un crime contre la sûreté intérieure de l'État, et, le 3 germinal an II (23 mars 1794), malgré les moyens de défense présentés par Lefran, il

1. A.-J. Paris, *Histoire de Joseph Le Bon*, I, 264.
2. A.-J. Paris, *loc. cit.*

était condamné à mort et exécuté le jour même sur la place du Théâtre. Il monta à l'échafaud avec le même courage et le même sang-froid que ceux dont il avait donné tant de preuves sur les champs de bataille. Arrivé sur la plate-forme, il s'écria d'une voix forte :

— Je meurs fidèle à mon Roi, comme l'ont toujours été mes ancêtres. Vive le Roi [1] !

*
* *

La maréchale de Mailly continua de demeurer enfermée à la citadelle de Doullens après l'exécution de son mari. « Quelque temps après que le maréchal fut guil-

---

1. E. Lecesne, *Arras sous la Révolution*. Arras, 1883, II, 201. — Son acte de décès est ainsi conçu : « Aujourd'hui, quatrième jour de germinal, seconde année (24 mars 1794) de la République une et indivisible, onze heures du matin, par-devant moi François-Hubert Carrois, officier public élu pour constater le décès des citoiens de cette commune, sont comparus Jean-Baptiste Vauclin, marchand, et Jean-Baptiste Henriez, tailleur, majeurs, domiciliés à Arras, lesquels ont déclaré que Augustin-Joseph Mailly, âgé de quatre-vingt-neuf ans *(sic)*, natif de Villaine, département de la Sarthe, cy-devant maréchal de France, domicilié à Paris, est mort hier, une heure après-midi, place de la Révolution, en vertu d'un jugement du tribunal criminel et révolutionnaire en datte du même jour ; d'après cette déclaration, je me suis assuré dudit décès et sans pouvoir parvenir à l'indication du nom de son épouse, j'ai rédigé le présent acte que j'ai signé avec les dits témoins, à Arras, les jour et an cy-dessus ». Signé : « Vauclin, Henriez et Carrois ». (Registre aux actes de décès des habitants de la ville d'Arras).

Château de Mailly-Raineval,

construit en 1777 et démoli en 1879.

(Façade sud-est)

lotiné, nous apprend M. Guéroult de Boisrobert, elle
eut un moment désagréable à passer. Tous les jours,
matin et soir, depuis le fatal jour qui donne tant ma-
tière à raconter, l'on venait faire un appel nominal dans
toutes les chambres pour s'assurer si personne n'avait
pris la fuite, ce qui n'était pas des plus aisé. Un jour,
à trois heures du matin, l'officier de garde, maitre
goujat, ayant autant d'éducation qu'un chien de basse-
cour, et ayant humé la potée, se trouva en belle
humeur et tout galant. Ayant aperçu la belle veuve dans
son lit, de la porte il ne fit presque qu'un saut, tant il
était transporté du désir qu'il avait, disait-il, d'em-
brasser la dame qui, à l'instant, s'éclipsa comme un
éclair entre ses draps. Heureusement que la femme de
chambre se précipita entre deux et que les compagnons
de l'impertinent drôle l'emmenèrent pour continuer sa
tournée. O vous, âmes pures, qui lisez ceci, mettez-
vous en esprit à la place de cette chaste dame, exposée
aux brutales libertés d'un gueux jouant le rôle d'un
valet de bourreau ou d'un méprisable geôlier, et vous
frémirez comme l'a fait cette jeune femme dans ce moment de détresse, où elle eut désiré pouvoir s'anéantir
pour échapper au malotru[1]. »

On a conservé ces quelques vers, composés par la
maréchale de Mailly après la mort de son mari :

1. *La citadelle de Doullens sous la Terreur*, ... p. 50.

4

O vous qui, de ces temps d'horreur

Où régnaient la mort et le crime,

Fûtes aussi de leur fureur

Une déplorable victime,

O le plus digne des époux,

Par votre mort infortunée,

A la tristesse abandonnée,

Je suis plus à plaindre que vous [1].

*\
* *

Aux vacances dernières (septembre 1895), nous avons visité les villages d'Haucourt, Mailly-Raineval et Folleville, dont les châteaux et les seigneuries ont appartenu au maréchal de Mailly. Nous avons pu constater que, non seulement le souvenir de leur dernier seigneur n'y est pas éteint, mais encore que sa mémoire y est en grande vénération ; nous y avons entendu raconter différentes anecdotes ayant trait à sa charité et à sa générosité ; ses bienfaits n'y sont pas oubliés ; certains traits de son caractère original nous ont aussi été rapportés.

A Haucourt, village de 360 habitants [2] du canton de Forges-les-Eaux, arrondissement de Neufchâtel (Seine-Inférieure), la vieille église où fut baptisé le comte

1. L'abbé Ledru, *loc. cit.*, I, 517.
2. Il s'y trouvait 420 habitants en 1726.

Restes du château d'Haucourt (Seine-Infʳᵉ)

converti en ferme.

(Cliché de M. J. de Valois)

de Mailly existe encore ; elle date des XIIe et XIIIe siècles dans ses parties les plus anciennes, qui sont en pierre du pays ; deux collatéraux en brique rouge y ont été ajoutés au XVIe siècle ; c'est à la même époque et au siècle suivant qu'y ont été apportées d'importantes modifications. Les fonts baptismaux sont du XIIIe siècle ; ils consistent en une cuve supportée par quatre colonnes. L'ancienne chapelle seigneuriale, située au midi et communiquant autrefois avec le château par une porte particulière, est aujourd'hui transformée en sacristie. Le vénérable abbé Guilbert, curé d'Haucourt depuis vingt-sept ans, nous a dit être descendu dans le caveau des anciens seigneurs et y avoir vu les restes d'environ douze personnages qui jonchaient le sol ; plusieurs d'entre eux portaient encore toute leur barbe. Cette sépulture avait été violée pendant les plus mauvais jours de la Révolution et les cercueils en plomb furent enlevés. L'entrée de ce caveau est aujourd'hui murée.

Près de l'église se dresse fièrement, au-dessus d'un vallon, l'ancien manoir des seigneurs d'Haucourt ; c'est une construction en brique flanquée de tours aussi en brique et datant des XVIe et XVIIe siècles ; toutefois, les soubassements paraissent beaucoup plus anciens.

A Mailly-Raineval, commune de 232 habitants[1] du

1. Au siècle dernier, il s'y trouvait 540 habitants.

canton d'Ailly-sur-Noye, arrondissement de Montdidier, nous n'avons plus trouvé que peu de vestiges du château dont la construction avait été commencée par le comte de Mailly en 1777, et qui, cent ans plus tard, tombait sous la pioche des démolisseurs.

M. V. de Beauvillé a publié une excellente notice sur le château de Mailly-Raineval dans son *Recueil de documents inédits concernant la Picardie* (IV, 682-688); nous y renverrons le lecteur. L'éditeur de ce précieux ouvrage a reproduit un certain nombre de pièces relatives au maréchal de Mailly, pièces qui provenaient des archives du château de Mailly-Raineval; néanmoins, il n'a point donné tous les documents qu'il possédait dans sa collection et qui concernaient ce personnage et sa famille. Le futur biographe du maréchal de Mailly ne devra point négliger de dépouiller les documents manuscrits que M. de Beauvillé n'a pas mis au jour.

A Folleville, petite commune de 214 habitants, aussi du canton d'Ailly, une tour bizarre et originale, de vingt-cinq mètres de hauteur, constitue la principale curiosité des ruines du château que fit démolir le comte de Mailly afin d'agrandir celui de Mailly-Raineval; cette forteresse, élevée au xve siècle, plaisait beaucoup, paraît-il, au roi Louis XI, qui y séjourna à plusieurs reprises. L'ancien château de Folleville a été

Restes du château de Folleville

(Façade sud.)

acheté dans ces derniers temps par les Lazaristes de
Montdidier.

L'église de ce village, qui date du premier quart du
XVIe siècle, est un véritable bijou. Si l'extérieur paraît
être de la plus grande simplicité, il n'en est point de
même de l'intérieur, où les sculptures sont à profusion ;
les tombeaux de Raoul et de François de Lannoy font
l'admiration des visiteurs ; du reste, tout, dans cette
église, est du plus haut intérêt : les verrières, les fonts
baptismaux, un drap mortuaire. La chaire, qui n'offre
rien de remarquable par elle-même, rappelle un souvenir historique : c'est dans cette chaire que saint
Vincent de Paul a prononcé son premier sermon de la
Mission le 25 janvier 1617 ; il était alors précepteur des
fils du seigneur de Folleville, Philippe-Emmanuel de
Gondi, général des galères de France, père du cardinal
de Retz. Saint Vincent de Paul a remplacé saint Jacques
le Majeur comme patron de Folleville et, depuis 1869,
la cure de ce village est desservie par un lazariste.

En quittant Folleville, nous avons été rendre visite à
l'excellent curé de Coullemelle, M. l'abbé Armand, dont
les connaissances en histoire et en archéologie locales
sont si étendues. Bien nous en a pris, car à peine lui
eûmes-nous parlé de l'objet de nos recherches, qu'il nous
conduisit chez l'un de ses paroissiens, l'honorable
M. Morel, horloger. Là, nous vîmes, accrochée à une

place d'honneur, une lithographie du maréchal de Mailly ;
ailleurs, c'était une petite toile peinte représentant le
même personnage ; c'était encore un cachet aux
armes de Mailly, ayant servi au maréchal ; c'était
enfin un manuscrit dans lequel il est beaucoup question
de lui, et qui a pour titre : « Compte de l'administration de M. Raymond de Saint-Sauveur, etc., etc., intendant du Roussillon. — Fait à Paris, le 29 janvier 1790.
RAYMOND DE SAINT-SAUVEUR. » (In-4°, 111 pages). Le
possesseur de ces différents objets, auxquels il attache un
très grand prix, est le petit-fils du coiffeur de la maréchale de Mailly, qui faisait souvent appeler ce serviteur à
Perpignan. M. Morel, qui a un véritable culte pour la
famille de Mailly, connaît une foule d'anecdotes sur les
maitres de son aïeul ; le bien qu'ils ont fait dans cette
contrée est immense.

II

LE comte Augustin-Joseph de Mailly se maria trois fois.
Il épousa en premières noces, le 20 avril 1732,
Constance Colbert de Torcy, troisième fille de Jean-
Baptiste Colbert, marquis de Torcy, ministre d'État, et
de Catherine-Félicité Arnaud de Pomponne.

De cette première union sont issus trois enfants :

1° Catherine-Félicité-Josèphe-Constance, née le 2 septembre 1733, morte le 18 avril 1734;

2° Joséphine, née le 12 décembre 1734, morte le
16 suivant;

3° Anne-Marie-Constance, sœur jumelle de la précédente, mariée le 10 janvier 1747 à René de Voyer de
Paulmy, marquis d'Argenson, lieutenant général des
armées du Roi, morte à Paris, paroisse Saint-Eustache,
le 15 septembre 1783. — Dans ses *Mémoires*, le duc de

Luynes note au mois d'avril 1745 [1] la nouvelle qu'il vient d'apprendre « que M. d'Argenson, de la guerre, marie son fils avec la fille de M. de Mailly-d'Aucourt; c'est encore une enfant qui n'a pas onze ans [2]. » Et, le même auteur écrit plus loin que le contrat de mariage fut passé le lundi de Pâques 19 avril de la même année [3]. Le duc de Luynes, annonçant ailleurs que le mariage fut célébré à Paris le 10 janvier 1747 en la maison que le Roi avait donnée, rue Saint-Thomas du Louvre, à Mme de Mailly [4], ajoute que tous les ministres s'y trouvaient, qu'il y avait quarante personnes, et que « la mariée est extrêmement petite et point du tout jolie [5]. »

Mme de Mailly mourut à la suite de ses couches le 13 décembre 1734.

Deux ans plus tard, le comte de Mailly songeait à convoler en secondes noces, et, le 28 février 1737, il épousait en l'église Saint-Jacques de Folleville [6] Marie-

1. Potier de Courcy (p. 450) fixe par erreur ce mariage au 19 avril 1745, et Courcelles, dans son ouvrage sur les *Pairs de France,* le place au 19 janvier 1744.

2. *Mémoires du duc de Luynes,* VI, 400.

3. Ibid., 411.

4. Ibid., VIII, 79.

5. Ibid., VIII, 80.

6. L'acte de mariage du comte de Mailly, reproduit par M. V. de Beauvillé (*Documents inédits,* IV, XXV, note 1), est ainsi conçu : « Ce jeudi vingt-huitième février mil sept cent trente-sept, je, curé de la paroisse de Saint-Jacques de Folville, ai marié solennellement

Michelle de Séricourt, née au château de Raineval le 18 juin 1713 [1], de Charles-Timoléon, marquis d'Esclain-

haut et puissant seigneur messire Augustin-Joseph, comte de Mailly de Haucourt, sous-lieutenant des chevaux-légers de Berry, seigneur d'Assigny, baron de Saint-Amand et des châtellenies d'Estival et Flacé et de plusieurs autres lieux, fils de haut et puissant seigneur messire Joseph, marquis de Mailly, seigneur de Haucourt et autres lieux, et de haute et puissante dame madame Louise-Magdelaine-Joseph-Marie de la Rivière, ses père et mère, ledit seigneur comte de Mailly, veuf, âgé de vingt-huit ans ou environ, demeurant en son hôtel, à Paris, rue des Petits-Augustins, faubourg Saint-Germain, paroisse Saint-Sulpice, d'une part ; et haute et puissante damoiselle mademoiselle Marie-Michelle de Sericourt, dame du marquisat de Raineval et de plusieurs autres lieux, fille de haut et puissant seigneur messire Charles-Thimoléon de Sericourt, marquis d'Esclainvilliers, chevalier de l'ordre militaire de Saint-Louis, brigadier des armées du roy, seigneur de Folville, Saint-Marc et de plusieurs autres lieux, et de haute et puissante dame madame Michelle de Cour de Bonviller, ses père et mère ; ladite épouse âgée de vingt-trois ans ou environ, de cette paroisse, d'autre part ; du consentement et en présence des parens et témoins soussignés, sans qu'il se soit trouvé aucun empê-chement ni formé aucune opposition, après que les fiançailles ont été célébrées et que le premier ban a été publié, les parties ayant obtenu les dispenses des deux autres, une de monseigneur l'évêque d'Amiens, en date du vingt-cinq février mil sept cent trente-sept, signé, DE LES-TOCQ, grand-vicaire ; et l'autre de monseigneur l'archevêque de Paris, en date du vingt-cinq février mil sept cent trente-sept, DE ROMIGNI, grand-vicaire, qui sont demeurés en nos mains, et après avoir vu le consentement de messire Joseph, marquis de Mailly, en date du vingt-six février mil sept cent trente-sept, et ont les parties et les témoins signé le présent acte avec moi les jour et an sus dits.

« JOSEPH-AUGUSTIN, COMTE DE MAILLY DE HAUCOURT ; MARIE-MICHEL DE SERICOURT D'ESCLAINVILLIERS ; SERICOURT ESCLAIN-VILLIERS ; L. LAUBESPINE DE VERDERONNE ; A. LEUILLIER ; C. RI-GAULT ; BINET ; C. LORRY, CLERC ».

1. Son acte de naissance est ainsi conçu : « Le 18 juin 1713, j'ai baptisé Marie-Michelle, née du mesme jour, fille de messire Charles-Thimoléon de Sericourt, marquis d'Esclainvilliers, seigneur de Folle-ville et autres lieux, et de dame Marie Michel de Court, dame du

villers, seigneur de Folleville, et de Marie-Michelle de Court.

De ce mariage sont issus :

1° Joseph, né le 3 septembre 1739, reçu en survivance de son père capitaine des gendarmes écossais, mort au mois d'avril 1746;

2° Louis-Marie, né à Mailly-Raineval le 23 novembre 1744, marié le 25 janvier 1762 à Marie-Jeanne de Talleyrand-Périgord, née à Versailles le 4 août 1747, nommée dame d'atours de la Reine en 1777; créé duc par brevet du 2 février 1777, Louis-Marie mourut à Amiens le 6 décembre 1792 sans laisser de postérité, les deux filles qu'il avait eues étant décédées en bas âge;

3° Joséphine, née le 21 mars 1738, morte jeune;

4° Marie, décédée en 1749.

Par son second mariage, le comte de Mailly était entré en possession des châteaux de Folleville et de Raineval. C'est dans le premier, qui remontait au XVᵉ siècle, que sa femme demeurait avec ses parents, qui affectionnaient cette résidence. Le château de Raineval, dit M. de Beauvillé, était en mauvais état,

marquisat de Raineval, ses père et mère. Le parrain a esté M. Charles-Thimoléon de Sericourt d'Esclainvilliers : la marraine, damoiselle Marie-Anne-Charlotte de Sericourt d'Esclainvilliers, tous deux enfants dudit seigneur d'Esclainvilliers. — Fr. de SAINTE-BEUVE, curé ». (De Beauvillé, *Doc. inédits*, IV, 634, note 3).

démeublé, et les archives avaient été transportées presque toutes au château de Folleville [1].

Le comte de Mailly paraissait préférer le séjour de Raineval. Au mois de janvier 1744, il obtenait du Roi des lettres patentes érigeant la châtellenie de Raineval en comté sous le nom de Mailly ; les terres, seigneuries et fiefs ainsi réunis étaient considérables, comme on le verra plus loin. C'est à partir de cette époque que ce lieu fut appelé Mailly-Raineval.

A cette même date, le comté était érigé en substitution graduelle, perpétuelle et à l'infini, en faveur de toutes les branches de la maison de Mailly; quand il s'agit de nommer un tuteur à ladite substitution, le marquis de Mailly, chef de la maison, le marquis de Nesle, le vicomte de Rubempré y furent représentés.

Le 25 décembre 1745, de nouvelles lettres patentes prononçaient la distraction du comté de Mailly de la juridiction du bailliage de Montdidier, et autorisaient les justiciables à porter leurs appels directement au Parlement [2].

Le comte de Mailly ne cessa d'améliorer son domaine de Mailly-Raineval, dont il augmenta le revenu dans de notables proportions.

1. *Recueil de documents inédits concernant la Picardie*, IV, 684.

2. Extrait de la *Généalogie de la maison de Mailly*, Paris, 1757. Preuves, p. 147.

Le bourgeois Scellier, de Montdidier, écrivait en
1759 : « Le château de Mailly est situé dans un fond,
entouré de bois qui contiennent deux mille arpents. Il
a été mis dans un goût nouveau, enté sur l'ancien, qui
fait connaître, par ses vieilles et fortes murailles, avec
de larges fossés antiques, que c'était autrefois un fort
assez considérable. Monsieur le comte de Mailly-Hau-
court a fait percer dans le bois plusieurs allées qui
aboutissent à la grille de la cour, vis-à-vis le château,
qui en rendent la vue très agréable ; il y a aussi fait
planter quantité de pommiers dans l'étendue de ce
comté, qui en embellissent parfaitement les approches[1]. »

D'après un état du comté de Mailly, dressé en 1770,
et publié par M. de Beauvillé[2], ce comté se composait
de dix paroisses : Mailly, Thory, Louvrechy, Sauvillers, Mongival, Esclainvillers, Folleville, Chirmont,
Saint-Martin et Courcelles ; dans son étendue se trouvaient trois châteaux, ceux de Mailly, de Folleville et de
Louvrechy ; il comprenait enfin trente-sept fiefs ayant
tous haute, moyenne et basse justice ; ces fiefs étaient :
Mailly, Thory, Louvrechy, Sauvillers, Mongival, Esclainvillers, Folleville, Chirmont, Saint-Martin, Courcelles, Brunvillers, le Bus de Villers, les dîmes de

1. Élection de Montdidier, t. II, manuscrits déposés à l'Hôtel
de Ville de Montdidier ; de Beauvillé, *Doc. inédits,* IV, XXVII.

2. *Doc. inédits,* IV, 635 et suiv.

Besieux, Offigni, Fransart, Pertin, Mouret, Mulot, Gau-
court, Notre-Dame de Montdidier, Malapris, Sauvillers-
Ronville, des Croquets, des Coquelets, du Sart, la Bois-
sière, Basses-Coutures, Corbie, Nantibus, Saint-Faron,
Fignières dit Vidame, Muguet dit Campremy, Bellerose,
la Mairie d'Esclainvillers, Saint-Fuscien, bois Marois,
bois Bernard.

Ce comté avait trois lieues et demie de long sur
deux de large ; les terres labourables du domaine étaient
de 1,410 journaux ; le bois de Mailly contenait 1,900
journaux et celui de Folleville 400 journaux ; en outre,
on comptait quarante-neuf remises dans la plaine ;
l'étendue totale des bois était de 2,300 journaux ; il se
trouvait 12,000 pieds d'arbres à fruits. Le revenu total
du comté, qui était de 63,689 livres en 1770, s'élevait
à 69,055 livres en 1780.

A la suite de l'état du comté de Mailly en 1770,
M. de Beauvillé a reproduit une liste de seigneuries et
de fiefs dont les agents du comte proposaient l'acquisition pour arrondir le domaine de Mailly et le « randre
à sa perfection. » L'estimation de ces différentes terres
atteignait la somme de 350,000 livres ; on trouverait une
somme plus que suffisante, disaient-ils, dans la vente
de la terre de la Roche de Vaux, estimée 300,000 livres,
et dans celle de Cany, évaluée 180,000 livres.

Ces différentes acquisitions faites, il y aurait lieu de

bâtir un château moderne entre Sourdon et Chirmont, d'où le point de vue est admirable. On devra tout d'abord faire démolir le château de Folleville, et, jusqu'à ce que le nouveau château soit construit, on conservera celui de Mailly, qui devra être alors rasé pour les matériaux être employés à l'une des deux basses-cours de la future demeure seigneuriale. Les agents du comte estimaient que la construction et l'ameublement de cette nouvelle habitation dureraient onze ans, et que la dépense totale serait de cent cinquante à deux cent mille livres.

Mais ce projet grandiose ne fut point exécuté dans toutes ses parties. Toutefois, en 1777, le marteau des démolisseurs s'attaqua au château de Folleville et à la partie la plus ancienne du château de Mailly-Raineval, qui était le donjon ; aussitôt, on commença la construction de la façade nord-est du château de Mailly, qui dura de 1777 à 1780, et coûta 56,260 livres.

C'est poussé par le désir de briller qui le dominait que le comte de Mailly se laissa entraîner dans des dépenses hors de proportion avec sa fortune, déjà obérée ; le « goût de magnificence qui le distingue », disent les Mémoires du temps, priva le petit village de Folleville du château qui, avec l'église, feraient de nos jours la gloire de la région.

Nous avons dit que le comte de Mailly avait créé dans

le Roussillon nombre d'œuvres utiles qui avaient régé-
néré, reconstitué et animé cette province d'une vie nouvelle. Il fit preuve dans son comté du même esprit nova-
teur par les nombreuses améliorations qu'il y apporta;
il établit notamment, à ses frais, dans le château de Louvrechy, un chirurgien chargé spécialement de donner
gratuitement ses soins aux pauvres du comté [1].

Les travaux du château de Mailly, « que plusieurs
personnes pensent être du nombre des voluptuaires [2] »,
étaient commencés depuis un an lorsque, le 28 septembre 1778, la comtesse de Mailly mourait au château
de Mailly-Raineval; comme elle avait désiré être inhu-
mée dans le caveau de ses ancêtres à Folleville, son corps
y fut transporté le mardi 29 septembre à quatre heures
de l'après-midi. « Ce fut un spectacle aussi édifiant
qu'attendrissant de voir tous les habitants de sept
paroisses considérables qui composent le comté de Mailly
se présenter successivement sur la grande route qui traverse le comté dans une étendue de deux lieues se
joindre au cortége funèbre qui s'avançait avec toute la

1. Ce médecin était en outre tenu d'accoucher les femmes qui le
faisaient demander ; il devait faire chaque année un cours public
d'accouchement. Le ministre l'autorisa à porter l'uniforme des
médecins militaires. Son traitement consistait « dans le logement
et ameublement du château de Louvrechy, dans quatre cens livres
d'appointements, cinq septiers de bled, quatre cordes de bois de
billon, quatre cens fagots, deux barriques de cidre et une barrique
de vin par an. » (De Beauvillé, *Doc. inéd.*, IV, 697.

2. De Beauvillé, *Doc. inéd.*, IV, xxviii.

pompe convenable, conduit par M. le duc de Mailly. L'air consterné, le silence morne des uns, les pleurs, les sanglots des autres, les prières ferventes, les bénédictions répandues sur la mémoire de la défunte qui succédaient au chant d'un nombreux clergé ; en un mot, ce cri du cœur que la seule bienfaisance obtient et qui est sa plus précieuse récompense, tout publiait que ses vassaux avaient perdu une protectrice, une bienfaitrice, une mère qui s'était constamment montrée occupée de leurs intérêts et de leurs besoins [1] ».

L'auteur de l'article nécrologique auquel nous venons de faire l'emprunt qui précède fait le plus grand éloge de la comtesse de Mailly, qui « a eu la satisfaction de voir, dit-il, toutes les personnes qui lui étaient chères parvenues ou appelées aux plus grands honneurs et obtenir toutes les récompenses. » Pieuse, bonne, affable, de mœurs douces et simples, elle était douée d'un jugement droit et sain. Elle fut accablée d'infirmités durant les dernières années de sa vie, qui ne furent « qu'un tissu de souffrances et d'amertumes », comme le déclare le duc de Mailly dans ses dispositions dernières [2], mais elle montra une grande résignation dans ses derniers moments [3].

1. *Supplément aux Affiches de Picardie, n° 41*, du samedi 10 octobre 1778 ; ce supplément de deux pages est consacré en entier à la comtesse de Mailly.

2. V. de Beauvillé, *Doc. inéd.*, IV, XXXIII.

3. Dans une *Description historique de l'église et des ruines du château de Folleville*, par M. Ch. Bazin (Mémoires de la Société des Anti-

Le comte de Mailly désirait que son fils lui abandon-
nât la propriété des biens dont sa femme ne lui avait
donné que l'usufruit, mais le duc s'y refusa toujours.
Dans la crainte que son père ne se remariât, avance à
tort M. de Beauvillé, le duc de Mailly manifesta l'intention de léguer sa fortune à Mme de Voyer d'Argenson, sa sœur du premier lit [1]. Cette insinuation est toute
gratuite, car le fils du comte de Mailly savait qu'à défaut
d'héritier mâle dans la branche d'Haucourt le comté,
comme substitué, devait passer à la branche de Nesle ;
il n'avait donc point à redouter une nouvelle alliance
de son père ni la naissance d'un fils. La Révolution, en
abolissant les substitutions, a pu seule permettre au duc
de transmettre ses biens.

Devenu veuf pour la seconde fois, le comte de Mailly,
voyant que son fils unique était d'une santé chancelante,

quaires de Picardie, t. X, 1850, pp. 1 à 91 et tirage à part), l'auteur
a rapporté un fait qu'il faut ranger parmi les contes invraisem-
blables ; cette légende inepte a fait dire à M. de Beauvillé avec infiniment de raison : « Nous ignorons où il a puisé ses renseignements : les nombreux documents qui ont passé sous nos yeux
n'autorisent point la sévérité de ses appréciations. » En effet,
M. Bazin ne donne aucune référence et il sent tellement l'inanité de
ce qu'il avance, qu'il conclut ainsi : « Si la chronique n'est point
vraie, du moins n'est-elle pas invraisemblable ». Et il ne donne
aucune autre preuve de ce qu'il avance qu'un fait identique qui se
serait produit un siècle plus tôt à une lieue de Folleville ; « ce qui
avait lieu au xviie siècle, dit-il, pouvait bien se reproduire au milieu
du siècle suivant. » Rien n'est plus subtile que cette logique, mais
rien n'est moins certain que le fait.

1. V. de Beauvillé, loc. cit., IV, xxviii.

qu'il avait perdu les deux enfants issus de son union et conservait peu d'espérance d'en avoir d'autres, résolut de convoler en troisièmes noces. Dans les premiers mois de l'année 1780, il adressait une lettre au Roi pour lui demander l'autorisation de se remarier. Dans cette lettre, le signataire, qui allait atteindre sa soixante-treizième année, exposait en ces termes les raisons qui le déterminaient à prendre ce nouvel engagement.

« J'ai l'honneur, Sire, disait-il, d'être d'une maison, qui, depuis le commencement de la monarchie, a consacré ses jours au service des ancêtres de Votre Majesté. J'ai suivi avec le même zèle un devoir aussi sacré, et il ne me restait d'autre désir que de le voir perpétuer dans la descendance de mon fils.

» Mais, ayant perdu cet espoir, et ma maison n'en ayant d'autre que dans un seul enfant, j'ai cru, Sire, devoir en ranimer les espérances dans mes vieux jours, et ce sera la consolation du dernier de mes moments si je suis assez heureux, Sire, de laisser à Votre Majesté un sujet qui, à l'exemple de son père, consacre sa vie entière à son service et à se rendre digne de ses bontés [1]. »

L'autorisation sollicitée ne se fit pas longtemps attendre, et, par contrat du 6 avril 1780 et par célébration du 15 suivant en l'église de Saint-Germain-

---

1. L'abbé Ledru, *Hist. de la mais. de Mailly,* II, 357.

l'Auxerrois, à Paris, le comte de Mailly épousait Blanche-Charlotte-Marie-Félicité de Narbonne-Pelet, fille de François-Raymond-Joseph-Herménégilde-Amalric, vicomte de Narbonne, lieutenant général des armées du Roi, capitaine viguier de Sommières, seigneur-comte de Fontanes, et de Lucrèce-Pauline-Marie-Anne de Ricard de Brégançon, sa seconde femme, dame de Madame Adélaïde, sœur du Roi. La jeune mariée, qui demeurait au palais des Tuileries avec ses parents, était née à Montpellier, paroisse de Notre-Dame des Tables, le 24 octobre 1760, avait été ondoyée le lendemain et baptisée le 7 novembre 1769 dans la chapelle domestique du château de la comtesse de Bérulle, à Saint-Mandé, par le curé de Saint-Maurice de Charenton [1].

Dans l'acte de mariage du 15 avril 1780, l'époux est qualifié « comte de Mailly, marquis d'Haucourt, chevalier des trois ordres du Roi et grand'croix de l'ordre de Malte, lieutenant général des armées de Sa Majesté, inspecteur général de la cavalerie et des dragons, ancien directeur des camps et armées, lieutenant général du

---

1. Au sujet de ce mariage, il fut publié : *L'Expression du sentiment ; couplets à l'occasion du mariage de M. le comte de Mailly d'Haucourt avec mademoiselle de Narbonne-Pelet, suivis de notes historiques et mythologiques*, par M. l'abbé Delouette, instituteur de M. le comte de Narbonne-Pelet. (Nîmes, Castor Belle, 1780, in-12, 39 pp.) En 1786 parut : *Mailly, bienfaiteur du Roussillon, ode dédiée à madame la maréchale de Mailly, née Narbonne-Pelet*, par l'abbé Antoine Jaubert, professeur de philosophie en l'université de Perpignan.

Roussillon et commandant en chef ladite province [1]. »

Ce mariage, fait justement observer M. de Beauvillé [2], fit perdre au comte une partie des avantages qu'il devait à sa seconde femme.

Le 24 juillet 1781, par-devant Bevière, notaire à Paris, fut signée une transaction entre le comte de Mailly et son fils, qui mit ce dernier en possession de l'héritage de sa mère, mais cet héritage « était grevé, au profit de son père, de sa troisième femme, des enfants à naître de ce nouveau mariage et des petits-enfants issus de son premier mariage avec Mlle de Colbert-Torcy, de charges s'élevant à 620,000 livres. A partir de cette époque, le maréchal est presque étranger au pays; il y revint encore pour régler les affaires de la succession de son fils. Une de ses dernières lettres est datée de Moreuil le 12 août 1793 [3]. »

Le fils du comte de Mailly entra dès lors en possession des domaines composant le comté. Il était né à Raineval le 23 novembre 1744, avait épousé le 25 janvier 1762 Marie-Jeanne de Talleyrand-Périgord, née à

---

1. Arch. du min. de la Guerre. — Dans sa *Correspondance secrète, politique et littéraire* (t. IX, p. 244), Olivier Métra fait mention, sous la date du 17 mars 1780 du comte de Mailly, qui, « voyant son fils sans enfants, dit-il, et ne voulant pas laisser éteindre sa branche, épousa Mlle de Narbonne. » C'est par erreur que l'auteur dit qu'il était âgé de 75 ans.

2. *Doc. inéd.*, IV, XXVIII.

3. De Beauvillé, *loc. cit.*

Versailles le 4 août 1747 ; le futur apportait trente mille livres de rente et la future six mille. Le 2 février 1774, il avait obtenu le brevet de duc et les honneurs du Louvre ; au mois d'octobre 1775, sa femme avait été nommée dame d'atours de la Reine, mais, comme cette charge était dispendieuse, elle s'en démit le 11 novembre 1781[1].

Après la transaction intervenue entre son père et lui, le duc de Mailly s'était fixé à Mailly-Raineval, où il dut continuer les travaux de démolition et de reconstruction qu'avait commencés son père. Un siècle plus tard, le château de Mailly-Raineval était rasé ; le 26 mai 1879, les démolisseurs se mettaient à la besogne. « Les habitants de Folleville, dit M. de Beauvillé, ne parlent du maréchal de Mailly qu'avec un sentiment d'amertume bien légitime ; pour eux, la destruction de Mailly-Raineval est presque la revanche de la démolition de Folleville[2]. »

La duchesse de Mailly mourut le 19 janvier 1792 ; le duc ne la suivit pas de loin puisqu'il décéda à Amiens, rue de l'Évêché, le 6 décembre de la même année. Le chevalier de Courcelles[3] avance à tort qu'il avait épousé en secondes noces sa parente, Marie-Anne-Louise-

1. De Beauvillé, *loc. cit.*
2. Ibid., IV, 619.
3. *Etat actuel de la pairie de France*, 256.

Adélaïde de Mailly de Nesle, veuve du marquis de Coislin. La même erreur a été reproduite par M. Potier de Courcy, qui en a ajouté d'autres; ainsi, il fixe ce second mariage en 1793 et retarde de trois ans la mort du duc, qu'il reporte en 1795, ajoutant qu'il est décédé en émigration; il est impossible d'accumuler plus d'erreurs en si peu de mots.

Le duc de Mailly avait été pendant longtemps le seul rejeton mâle de sa famille, car la troisième union du maréchal demeurait stérile; l'espoir dont ce dernier avait fait part au Roi de lui « laisser un sujet qui, à l'exemple de son père, consacrerait sa vie entière à son service », ne se réalisait point.

Sous la date du 7 mars 1786, les auteurs des *Mémoires secrets pour servir à l'histoire de la République des lettres* inséraient l'entrefilet suivant : « Madame la maréchale de Mailly est une jeune femme de la cour de la Reine, qui plaît beaucoup à Sa Majesté, et acquiert une grande faveur auprès d'elle, ce qui excite la jalousie des autres dames. Elle est enjouée et folâtre : genre d'agacerie qui lui attire d'un autre côté beaucoup de soupirants, dont elle se moque. Son plaisir est d'amuser de tous les détails de leurs avances auprès d'elle son mari octogénaire et d'en rire avec lui [1]. »

---

1. Ce portrait flatteur fait d'autant plus d'honneur à celle qui en était l'objet que les auteurs de ces Mémoires inséraient volontiers

Le maréchal était remarié depuis près de douze ans quand, enfin, le 19 février 1792, il eut le bonheur d'avoir un fils, qui devait continuer la descendance.

Armes du maréchal et de la maréchale de Mailly : à dextre, MAILLY ; à senestre, NARBONNE-PELET [1]

les faits scandaleux et procédaient souvent par insinuation ; ils se montraient peu prodigues d'éloges ; par contre, ils ont terni bien des réputations. — Le 17 juillet 1786, le maréchal et la maréchale de Mailly étaient parrain et marraine à l'une des cloches de Grumesnil (canton de Forges-les-Eaux, Seine-Inférieure). A cette occasion, ils firent présent à l'église d'un magnifique dais de drap d'or et d'argent, broché à lames, exécuté par le sieur Charbonnier, marchand chasublier-brodeur à Beauvais. (D. Dergny, *les Cloches du pays de Bray*, I, 147).

1. Mailly porte : *D'or, à trois maillets de sinople*. Supports : *Deux lions*. Cimier : *Un cerf issant d'une couronne fleurdelisée d'une fleur de lis et de deux moitiés de fleurs de lis entrecoupées de perles*, par concession accordée à cette maison qui a donné un régent de France sous le roi Charles VI en la personne de Colart de Mailly, tué à Azincourt en 1415. Cri de guerre : *Mailly !* Devise : HONGNE QUI VONRA (Murmure qui voudra). Narbonne-Pelet porte : *De gueules*, qui est NARBONNE avec un écusson en abime : *D'argent, au chef de sable*, qui est MELGUEIL.

L'heureux père s'empressait d'annoncer cette bonne nouvelle à M. Blondin de Bazonville, ancien maïeur d'Abbeville, et, le 25 février suivant, le maire en charge lui adressait la lettre suivante :

« M. Blondin, ancien maïeur, m'a remis la lettre que vous avez pris la peine d'écrire pour annoncer au corps municipal l'heureux accouchement de madame la maréchale de Mailly. MM. les Officiers municipaux et les habitants de la commune ont reçu cette nouvelle intéressante avec la joie que doit inspirer le souvenir des services et de la bienveillance particulière que vous nous avez toujours accordés. Nous formons des vœux pour que l'héritier de votre maison le soit aussi, monsieur le Maréchal, de vos vertus et du poste vaillant où vous commandez.

» Le corps municipal vous adresse ses remerciements du don que vous faites à notre commune; elle reçoit la remise de votre créance avec autant de plaisir qu'en éprouveront MM. les Administrateurs de l'hôpital en recevant la somme de deux cents livres [1]. »

Deux ans et demi plus tard, l'unique rejeton de la maison de Mailly devenait orphelin. La maréchale continua d'habiter Paris pendant les plus mauvais jours de la Révolution. Sous l'Empire, elle reçut, sans l'avoir sollicitée, une pension de 6,000 francs comme veuve

1. Correspondance de la mairie. (Arch. mun. d'Abbeville.)

d'un maréchal de France. Voici ce qui s'était passé.
L'empereur fit donner l'ordre à Mme de Mailly de se
rendre à sa cour sous peine d'être exilée. La maréchale,
qui voulait continuer à vivre dans la retraite, crut éviter
ces deux alternatives, qui ne lui souriaient nullement,
en faisant répondre à Napoléon que ses ressources
étaient tellement limitées qu'elle ne pouvait avoir
d'équipage. L'empereur, qui tenait absolument à son
idée, fit accorder une pension[1] à Mme de Mailly en réité-
rant son ordre. Il fallait obéir. De plus, il envoya
Fouché, duc d'Otrante, à l'hôtel de Mailly, porteur d'un
ordre exprès obligeant la maréchale d'envoyer son fils
à l'École militaire; trois cas dispensaient cependant ce
jeune homme du service militaire : il était fils unique,
sa mère était veuve et il n'avait que dix-sept ans. Il
fallut encore obéir. Le jeune Mailly entra à l'École
militaire, d'où il sortit pour faire la campagne de Russie;
il se signala lors de l'incendie de Moscou et fut blessé
à l'épaule d'une balle qui n'en a jamais été extraite
(18 octobre 1814, combat de Kalouga[2]).

La maréchale de Mailly mourut en son hôtel, à Paris,

1. Décret particulier du 25 mars 1811 portant que cette pension
sera servie à dater du 1er janvier précédent. (Arch. du min. de la
Guerre).

2. Il dut la vie à Napoléon qui le fit placer dans l'une des voitures
de sa suite, disant qu'il ne voulait pas laisser périr le dernier des
Mailly.

rue de l'Université, le 15 janvier 1840, après une
viduité de près de quarante-cinq ans ; elle était âgée de
soixante-dix-neuf ans [1].

Le *Moniteur universel* du 21 janvier 1840 (p. 145)
publiait l'entrefilet suivant :

« Les obsèques de Mme la maréchale de Mailly ont
eu lieu avant-hier à Saint-Thomas d'Aquin avec une
grande solennité. M. le maréchal de Mailly avait été
le premier maréchal de France de la promotion de
1783. »

Le même journal insérait les lignes suivantes dans
son numéro du 23 février :

« Nous ne nous trompions pas, dit l'*Album artésien*,
en annonçant que la famille de Mme la maréchale de
Mailly continuerait les œuvres de sa bienfaisance.

---

1. Son acte de décès, dont nous devons copie à l'obligeance de
M. V. Advielle, est ainsi conçu : « Ville de Paris. Xe Mairie. Acte
de décès du 15 janvier 1840, à onze heures du matin. Cejourd'hui,
à deux heures du matin, est décédée en son domicile, rue de l'Université, 45, dame Blanche-Charlotte-Marie-Félicité de Narbonne-
Pelet, âgée de soixante-dix-neuf ans quatre mois, propriétaire, née
à Montpellier (Hérault), veuve de M. Augustin-Joseph, comte de
Mailly, maréchal de France. Constaté par nous, Auguste-Jean-Charles
Thienot, adjoint au maire du XXe arrondissement de Paris, sur la
déclaration de Jean-Baptiste Simon, concierge, demeurant rue et
numéro susdits, âgé de cinquante-quatre ans, et de Jean-Baptiste
Barbier, avocat, demeurant susdite rue, 12, âgé de soixante-seize
ans, lesquels ont signé. » (État civil reconstitué de Paris).

Cet acte, très court, ne fait point mention des père et mère de
la défunte, ce qui est surprenant ; ce sont deux étrangers qui, en
l'absence de membres de la famille, font la déclaration du décès.

Nous apprenons que le premier soin de M. le comte de Mailly, son fils, après la perte cruelle qui l'a frappé, a été d'ordonner des distributions de secours aux pauvres dans toutes les paroisses où l'illustre défunte possédait des propriétés. La paroisse de Saint-Martin de Crau, dans laquelle est situé le château de Vaquières, renfermant peu de pauvres, les secours y seront employés à payer à l'instituteur primaire la rétribution des enfants appartenant à des familles de journaliers pour qui cette dépense était une cause de gêne ou même un obstacle à l'envoi des enfants. Le conseil de fabrique reconnaissant a décidé qu'un service solennel serait célébré le jeudi 13 février pour le repos de l'âme de celle dont l'action bienfaisante se fait ainsi sentir en quelque sorte même après sa mort. »

La maréchale de Mailly laissait un fils unique de son mariage, Adrien-Joseph-Augustin-Almaric, comte de Mailly, marquis d'Haucourt et de Nesle, prince d'Orange, né à Paris le 19 février 1792, chez ses parents, rue de l'Université, n° 279. Il était le seul représentant de cette illustre et ancienne famille. Devenu pair de France en 1815, il servit les Bourbons avec fidélité ; ayant refusé de reconnaître le gouvernement de Juillet, il rentra dans la vie privée et consacra ses loisirs à la publication de plusieurs ouvrages. Il est mort en son château de la Roche-Mailly le 1er juillet 1878, ayant eu de son mariage en 1816 avec Eugénie-Henriette de Lonlay de Villepail deux garçons et quatre filles.

L'*Intermédiaire des Chercheurs et Curieux* du 20 septembre 1895 (XXXII, 280) voulait bien insérer l'appel que nous adressions à ses lecteurs relativement aux communications diverses qu'ils pourraient avoir à nous faire sur le maréchal de Mailly et sur sa troisième femme.

Deux obligeants collègues répondirent dans le n° du 10 novembre suivant (XXXII, 507-508), mais ils ne nous signalèrent aucun document nouveau.

III

Le 1er septembre 1747, le comte de Mailly était nommé commandant pour le Roi à Abbeville, et, le 25 octobre suivant, M. de Saint-Florentin, alors à Fontainebleau, en annonçait en ces termes la nouvelle aux maire et échevins d'Abbeville :

« Messieurs, le Roy aiant jugé à propos d'accorder à M. le marquis de Mailly d'Haucourt le commandement de la ville d'Abbeville, je vous envoye la lettre de cachet que j'ay fait expédier en conséquence pour vous en donner avis et afin que vous ayez à vous conformer à ce qu'elle contient[1]. »

La lettre de cachet était ainsi conçue :

« De par le Roy, chers et bien amez, estimans à propos de commettre le sieur marquis de Mailly d'Hau-

1. Archives municipale d'Abbeville, EE, 131.

court, colonel d'infanterie, pour en qualité de commandant, s'employer à tout ce qu'il verra estre convenable au bien de notre service et pour la deffense et conservation de notre dite ville d'Abbeville, nous avons bien voulu vous en donner avis par cette lettre par laquelle nous vous mandons et ordonnons très expressément que vous ayez à reconnaître ledit sieur Mailly d'Haucourt en ladite qualité de commandant pour nous, et à lui obéir et entendre en tout ce qu'il vous commandera et ordonnera pour notre service et la deffense et sûreté de notre dite ville selon et ainsy qu'il verra estre nécessaire et à propos, luy rendant au surplus les honneurs et respects qui luy sont deüs en ladite qualité de commandant, vous assurant que lorsque les occasions qui nous ont engagé à luy accorder ce commandement seront passées, nous nous reposerons sur vos soins et votre fidélité de la garde et commandement de notre dite ville comme nous avons fait jusqu'icy, dont il nous demeure beaucoup de satisfaction, et nous promettans que vous vous conformerez à ce qui est en cela de notre volonté, nous ne vous ferons la présente plus longue ny plus expresse. N'y faites donc faute, car tel est notre plaisir. — Donné à Fontainebleau le vingt-cinq octobre 1747. » Signé : « Louis. » Et plus bas : « Phelippeaux [1]. »

1. Arch. d'Abbev., EE, 131.

Nous devons dire ici un mot des fonctions dont venait d'être investi M. de Mailly.

D'après la charte de commune d'Abbeville, le gouvernement militaire appartenait au maïeur ; plusieurs tentatives furent faites par la suite par les comtes de Ponthieu pour s'emparer de ce droit, mais le Parlement sut faire respecter les privilèges municipaux.

Plus tard, l'autorité royale, qui cherchait sans cesse à s'étendre, porta atteinte à l'autorité communale. Au moyen âge, toutes les villes du Ponthieu avaient leur gouverneur militaire, désigné sous le nom de capitaine de ville.

La charge de capitaine, dit Louandre dans son *Histoire d'Abbeville*, était à la nomination du Roi ; il conférait ces fonctions à un militaire habile qui, de concert avec le maïeur, concourait à la défense de la place. « Le capitaine, qui avait le commandement des troupes royales, s'engageait, en entrant en charge, sous la foi du serment, à maintenir les franchises et privilèges, à ne mettre dans la ville aucune garnison plus forte que les bourgeois... Le capitaine était payé par la commune. Cet office fut rempli à différentes époques par des personnes d'une grande noblesse qui s'étaient acquis un nom dans les armes. »

Le dernier capitaine d'Abbeville a été Pierre de Roncherolles ; cet office fut supprimé par le duc de Mayenne au mois de mai 1592, après la destruction du château élevé par Charles le Téméraire, en dépit des privilèges de la ville. En prononçant cette suppression, le chef de la Ligue croyait ainsi se concilier les bonnes grâces de l'échevinage qui, jaloux de ses droits, supportait difficilement une autorité qui ne fût point d'émanation municipale.

Par édit du mois d'avril 1594, Henri IV confirma la décision du duc de Mayenne; en agissant ainsi, ce roi, politique habile, savait qu'il se concilierait les Abbevillois. Par le même édit, les habitants ne devaient reconnaître comme commandants militaires que le gouverneur de Picardie, les lieutenants généraux de cette province et les maïeurs et échevins d'Abbeville.

Dès lors, les maires jouirent d'attributions militaires assez étendues. Les rois nommèrent, toutefois, des gouverneurs dans les temps de guerre, mais en promettant de maintenir le privilège militaire des maïeurs.

A partir du règne de Louis XIII jusqu'à la fin de l'ancienne monarchie, les rois nommèrent à Abbeville, mais à titre temporaire, non des gouverneurs, mais des commandants; ils n'omettaient jamais de déclarer, ainsi qu'on l'a vu plus haut par la lettre de cachet du 25 octobre 1747, que, dès que les circonstances le permettraient, ils s'en remettraient aux maïeurs pour la garde de la ville.

Par édit du mois d'août 1696, Louis XIV avait créé des offices de gouverneurs dans toutes les villes du royaume, mais il fit exception pour Abbeville parce qu'il n'avait eu qu'à se louer de la fidélité et de l'attachement des habitants ; il dit à cette occasion qu'il connaissait trois villes ayant le droit de se gouverner : Bordeaux, qui avait beaucoup de finance et peu de fidélité ; Toulouse, qui avait beaucoup de fidélité et peu de finance, et Abbeville, qui avait l'une et l'autre.

Louis XV créa et rétablit les offices de gouverneurs par édit du mois d'août 1722 ; mais les Abbevillois ayant rappelé leurs droits et privilèges, le Roi leur promit de ne point établir de gouverneur dans leur ville. Toutefois, par arrêt du 23 janvier 1742, le sieur Marchal de Sansay, capitaine de cavalerie, était nommé gouverneur à finances d'Abbeville ; mais ce n'était qu'un office municipal ; la ville servait annuellement au titulaire un traitement de six cent soixante-seize livres.

Quant au comte de Mailly, il était, ainsi qu'on l'a vu, non gouverneur, mais commandant pour le Roi ; la ville n'était tenue qu'à lui servir annuellement une somme de cinq cents livres pour son logement ; son traitement lui était fourni par le Roi. En son absence, le maïeur commandait les troupes.

Par brevet en date du 7 juillet 1750, le Roi commettait le comte de Fontaines, major, à l'effet de commander dans la ville d'Abbeville en l'absence du comte de Mailly. C'était une atteinte portée aux privilèges de la ville que l'échevinage ne pouvait admettre.

Aussi, un placet fut aussitôt adressé au Roi par les maire, échevins, conseillers de ville, notables, corps et communauté et habitants de la ville d'Abbeville pour supplier Sa Majesté « d'éteindre dans son principe une nouveauté qui ne tend à rien moins qu'à mettre le trouble dans la ville ». Dans cette pièce imprimée à Abbeville par D. Artous (sans date, in-fol., 8 pp.), les suppliants exposent qu'il n'est point possible de faire usage du brevet accordé au comte de Fontaines puisque ce brevet ne leur est point adressé, « et qu'il n'est accompagné d'aucune lettre de cachet qui en ordonne l'exécution, ce qui a toujours été pratiqué par les commandants en chef, que les circonstances ont obligé d'envoyer dans la ville ; il ne leur a pas moins paru mériter l'attention la plus sérieuse, et, malgré les occupations multipliées qui les accablaient, ils se sont mis sur le champ en état de faire voir par les titres les plus authentiques que ce brevet est l'effet de la surprise dont on a usé envers votre bonté paternelle, qui n'a pas eu certainement l'intention de mépriser les droits de ses plus fidèles sujets en les faisant passer dans les mains d'un seul. »

Dans cette requête, les suppliants rappelaient que rien

n'était plus contraire aux privilèges de la ville que de
lui donner un commandant pendant l'absence de celui
qu'elle avait déjà, attendu qu'elle était exempte de tout
gouverneur et commandant, puisque les maire et échevins ont toujours eu le commandement tant sur les
bourgeois que sur les troupes. « Si les circonstances des
temps, ajoutaient-ils, ont exigé d'y envoyer un commandant, l'ordre de le recevoir a toujours été accompagné
des assurances les plus fortes de la part des rois vos pré-
décesseurs, ainsi que de la vôtre, Sire, que ledit commandant ne resteroit dans la ville qu'autant que dure-
roient les circonstances qui obligeroient de l'y tenir,
après quoi les choses seroient remises dans l'ordre ancien,
en se reposant par Votre Majesté sur les soins et la fidélité des maïeur et échevins et habitans pour la garde et
commandement de ladite ville d'Abbeville, comme ils ont
toujours fait à la satisfaction de leurs souverains. »

Les plaignants exposaient au Roi dans leur placet tous
les actes qui, depuis la fin du XVIe siècle, ont maintenu
aux magistrats municipaux de leur ville le droit de
commander les troupes; ils lui rappelaient qu'en 1747,
« au sein de la guerre la plus obstinée », il avait confié
à M. de Mailly la place de commandant et que la lettre
de cachet du 25 octobre « a cela de commun avec toutes
les précédentes qu'elle contient une assurance de votre
part, Sire, que vous nous affranchirez de cette charge

aussitôt que les circonstances seront passées, et que vous vous reposerez sur nos soins et notre fidélité de la garde et commandement de notre ville, comme vous aviez fait jusqu'ici dont vous nous déclarez avoir beaucoup de satisfaction. »

A la fin du mémoire des plaignants se trouve l'énumération de divers titres constatant, de 1184 à 1466, les attributions militaires des maïeurs.

Le Roi fit droit à la requête qui lui était adressée et les maïeurs et échevins d'Abbeville furent confirmés dans le privilège de commander les troupes réglées en l'absence du commandant pour le roi.

Voici quel était, en 1748-1749 l'état militaire d'Abbeville d'après les comptes des argentiers, et le montant des sommes que la ville allouait à chacun des officiers pour leur logement :

Commandant pour le roi : le comte de Mailly, 500 livres ;

Commissaire provincial des guerres : Sanson, 150 livres ;

Ingénieur : Desmarest, 300 livres ;

Commissaire ordinaire des guerres : de Bulcamps, 300 livres ;

Directeur des fortifications : De Courdemer, 250 livres ;

Gouverneur particulier à finances : De Marchal de Sansay ; il touchait 676 livres de gages.

En 1780, l'état militaire était, d'après l'*Almanach de Picardie,* composé de la sorte :

« Il n'y a pas d'état-major à Abbeville.

« M. le comte de Mailly d'Haucourt y commande les troupes réglées ; les maïeur et échevins les commandent en son absence.

« Le duc de Mailly, son fils, commandant en survivance.

« De Fontaines, major.

« Marantin fils, commissaire des guerres.

« Hecquet de Béranger, trésorier des troupes et des fortifications.

« Valois, entrepreneur des fortifications.

« Mellier, clerc du guet.

« Corps de l'artillerie, MM. de Beaulieu de Saint-Valery, capitaine ; de Sénermont, ingénieur.

« Dejean, ingénieur ; Chelle, garde. »

D'après les comptes des argentiers, les indemnités de logement accordées par la ville étaient de 500 livres pour M. de Mailly ; de 100 livres pour M. de Fontaines, de 300 livres pour M. Dejean, ingénieur militaire en chef, et pour M. de Sénermont faisant fonctions d'ingénieur militaire.

Le 1er février 1748, le nouveau commandant écrivait

de Mailly-Raineval à M. de Buissy de Long, maïeur d'Abbeville :

« La première brigade des gendarmes écossais ayant été, Monsieur, destinée pour être établie en quartier d'hyver à Abbeville, et ce conséquemment aux ordres qui vous en ont été addressés par le ministre de la Guerre, j'ay l'honneur de vous faire part qu'il doit se rendre un officier de cette troupe à Abbeville dans les premiers jours du mois prochain pour régler avec vous, Monsieur, le logement qu'elle doit occuper. Je compte qu'elle y vivra avec toute la discipline et le bon ordre, et je vous serés très obligé en mon particulier des soins que vous voudrés bien donner pour ce qui luy sera convenable [1]. »

Le comte de Mailly fit sa première entrée à Abbeville le 20 novembre 1748, vers quatre heures du soir [2]. L'échevinage, prévenu de cette visite, mais ne sachant

1. Arch. d'Abbev., EE, 131.

2. C'est en ces termes que les auteurs des manuscrits Siffait ont enregistré ce fait : « Le mercredy vingt novembre, sur les quatre heures du soir, arriva à Abbeville, par la porte Saint-Gilles, monseigneur Joseph-Augustin comte de Mailly, marquis d'Haucourt, baron de Saint-Amand, châtelain de la Roche de Vaux, Douvres, la Faigne et Pont-Vallain, seigneur d'Assigny et autres lieux, lieutenant général des armées du Roy, commandant d'Abbeville, inspecteur général de la cavalerie, des dragons et des haras du royaume, et capitaine-lieutenant des gendarmes écossais, commandant de la gendarmerie de France, lieutenant général du Roussillon, Cerdagne et Conflans, et commandant en chef des trois provinces. » (Bibl. d'Abbev., mss. 241, p. 65 et 244, p. 96 *bis*).

par quelle porte le commandant ferait son arrivée, avait envoyé les archers, une compagnie de bourgeois et les cinquanteniers en armes, partie à la porte du Bois, partie à la porte Saint-Gilles. C'est par cette dernière que le comte fit son entrée ; une salve des sept pièces de canon qui se trouvaient sur le rempart salua la venue du nouveau commandant ; il passa devant les milices bourgeoises formant la haie des deux côtés de la rue, leurs officiers en tête, tambour battant, enseignes déployées.

Cinq domestiques à cheval, vêtus de rouge, précédaient la chaise de poste dans laquelle se trouvait M. de Mailly. Cet officier descendit à l'ancien hôtel de Rambures, appartenant alors à la veuve Michault ; ce logement lui était destiné comme inspecteur général de la cavalerie ; au reste, il ne se rendait à Abbeville que pour y faire en cette qualité la réforme des régiments de cavalerie du prince Camille[1], Clermont-Prince[2] et du Rumain[3].

En entrant à l'hôtel de Rambures, M. de Mailly trouva dans la cour la première compagnie des cinquan-

---

1. Ce régiment fut formé pour le marquis de la Valette en 1666 ; il devint prince Camille de Lorraine en 1689.

2. Il fut créé pour M. de Beaupré en 1666 ; est devenu Chartres en 1684, et Clermont en 1709.

3. Créé Tilladet en 1666, ce régiment est devenu successivement Souvré, Berighen, Conty en 1718, d'Acerzum en 1734 ; le comte du Rumain en fut nommé mestre de camp le 21 février 1740.

teniers sous les armes, en uniforme, formant la haie, tambour battant, enseigne déployée, et les officiers à sa tête. Après l'arrivée du comte, les cinquanteniers se retirèrent et furent remplacés par une garde de cavaliers; une sentinelle fut placée à la porte extérieure.

Le jour même, M. de Lisques[1], maïeur, se rendit en carrosse avec les échevins à l'hôtel de Rambures pour y complimenter le nouveau commandant. Puis, le présidial, l'élection et les juges consuls firent leur visite à M. de Mailly; les membres composant le grenier à sel ne jugèrent point devoir se rendre à l'hôtel de Rambures.

Au souper, M. Manessier de la Vieuville, premier échevin et membre de l'élection, se rendit, précédé et suivi de sergents à masse et de la vingtaine, à l'hôtel de Rambures et, en sa qualité de maître des présents, offrit à M. de Mailly le vin de la ville, qui consistait en douze bouteilles de Champagne et six de Frontignan.

Le lendemain, le comte de Mailly s'occupa de la réforme de l'un des régiments de cavalerie « qui avait double séjour »; de seize compagnies dont il était

---

1. François-Joseph de Lisques, chevalier, marquis de Lisques et de Favières, seigneur de Tofflet, Agenvillers, Caix et Laviers, avait épousé, en 1728, Marie-Gertrude Vaillant de Villers; il fut nommé maïeur d'Abbeville le 24 août 1748 et mourut le 9 décembre 1759; il avait eu deux fils morts sans laisser de postérité; il reçut sa sépulture dans l'église de Laviers, où se voit encore sa pierre tombale.

formé, il fut réduit à douze, et chaque compagnie, qui était de trente-cinq hommes, n'en eut plus que trente ; les cornettes et les sous-lieutenants furent cassés. Vers six heures du soir, le comte de Mailly se présenta à l'hôtel de ville pour rendre visite au corps municipal ; il fut reçu par le maïeur, les échevins et les officiers de ville ; la grande salle avait été éclairée à cet effet par des bougies placées dans des girandoles ; il fut reçu dans la chambre du conseil, où il demeura environ un demi-quart d'heure ; il « promit de protéger la ville de tout son pouvoir, fit beaucoup de politesse à tous les officiers municipaux qui, à sa sortie, le reconduisirent jusqu'au bas de l'escalier, où il monta dans son carrosse [1]. »

Le lendemain vendredi et le jour suivant, M. de Mailly procéda à l'inspection des deux autres régiments. Il quitta Abbeville le samedi 23 novembre, à neuf heures du soir ; il se rendait en voiture de poste à Paris. A son passage sur le pont de la porte Saint-Gilles, il fut tiré une volée de sept canons de rempart ; « il donna aux canonniers quarante-huit livres, et à la servante, huit livres [2]. »

La ville d'Abbeville était tenue d'allouer chaque année cinq cents livres au commandant pour son loge-

1. Archives municipales d'Abbeville, BB, 53.

2. Arch. d'Abbev., BB, 53 et copie des mss. Siffait à la bibliothèque d'Abbeville, n° 241, pp, 65 et suiv., et n° 244, p. 96.

ment. Sur cette somme, les officiers municipaux prétendaient faire la retenue du vingtième. M. de Mailly s'en plaignit à l'intendant et celui-ci écrivit de Paris le 23 août 1759 aux maire et échevins d'Abbeville pour les inviter à abandonner leur prétention, qui n'était point justifiée[1].

Quelques années plus tard, l'échevinage d'Abbeville se préoccupait de la construction de casernes ; jusque-là, les soldats étaient logés chez les habitants. Une correspondance assez active fut échangée alors avec le comte de Mailly ; nous trouvons plusieurs lettres de ce dernier dans le ms. 93 de la bibliothèque communale d'Abbeville.

Le 16 décembre 1772, M. de Mailly écrivait de Paris à Adrien Gaillard, chevalier, seigneur de Boëncourt, ancien capitaine d'infanterie, pour le féliciter d'avoir été nommé maïeur ; cette place, lui disait-il, « ne pouvait être en meilleures mains, et je désirerais trouver des occasions à portée de vous donner des preuves de tous mes sentiments pour vous. » Puis, abordant le sujet pour lequel lui avait écrit le maïeur, M. de Mailly disait : « Je sais que le ministre désirerait que la ville pût établir un corps de casernes pour un régiment de cavalerie, mais je pense comme vous, Monsieur, que ce ne pourrait être tout au plus qu'en rendant à la ville l'octroi qui a été attribué à la ville d'Amiens depuis

1. Arch. d'Abbev., EE, 131.

nombre d'années, à l'occasion du rétablissement du beffroi, qui avait été brûlé[1], et de là, successivement à différentes autres parties. C'est aussi ce que je me proposais de réclamer d'après la réception de votre lettre, mais, dans le même moment, nous avons appris l'incendie arrivé à Amiens[2], ce qui m'a paru un obstacle entier à nos vues, et dont je suis très fâché, puisqu'il serait impossible de proposer aucune nouvelle charge à la ville, quelque avantageux que pût être pour les habitants l'établissement des casernes.

» C'est ce que le ministre de la guerre sentira par lui-même d'après ce que je me propose de lui présenter.

» Je peux en même temps, Monsieur, vous assurer de tout le désir que j'aurais d'être utile au bien général de la ville en tout ce qui pourrait dépendre de moi, et que je m'y porterai toujours avec le plus grand empressement[3]. »

Deux mois plus tard, le 16 février 1773, M. de Mailly écrivait de Paris au maïeur d'Abbeville pour lui

1. C'est le 16 avril 1742, vers une heure de l'après-midi, que le feu prit au beffroi ; en moins d'une demi-heure, il était dévoré par les flammes ; en 1748, le désastre était réparé.

2. L'incendie auquel il est fait ici allusion est celui qui réduisit en cendres, dans la nuit du 5 au 6 décembre 1772, la halle marchande, qui servait de passage de la rue Delambre à la place de la Mairie. Les pertes s'élevèrent à plus d'un million. La reconstruction de cette halle coûta près de 230.000 livres.

3. Bibl. d'Abbev., ms. 93, fol. 350.

adresser toutes ses félicitations au sujet des mesures prises pour le logement des soldats tant dans la ville que dans les faubourgs, et il ajoutait : « Je serais fort aise d'en recevoir l'état, mais je le serai encore plus que ce fût par vous-même en vous recevant à Mailly cet été, où je compte passer quelque temps. Je serais même fort aise de raisonner avec vous sur tous les objets qui peuvent être utiles et intéresser la ville, et je ne peux, à tous les titres, mieux m'en rapporter qu'à vous-même[1]. »

Répondant ensuite à une demande qui lui avait été précédemment adressée par le maïeur, le comte de Mailly disait : « Quant à ce qui regarde mon logement, que j'ai toujours fixé chez MM. Michault, je ne peux que vous demander de le regarder comme mon logement; et, sur ce que vous me représentez que vous désireriez que je permisse qu'il fût donné à l'inspecteur, lors de sa revue, j'y consentirai à deux titres : le premier, que cela ne dérange point MM. Michault pour le moment et le temps que l'inspecteur y passera, et que ce logement soit offert de ma part à l'inspecteur de façon que la ville n'ait aucun droit de l'y loger sans mon consentement[2]. »

Le 15 mars suivant, le comte de Mailly écrivait de Paris à M. de Boëncourt : « Vous n'aurez point, Monsieur, d'embarras cette année pour le logement de l'ins-

1. 2. Arch. d'Abbev., EE, 131.

pecteur, m'étant chargé de faire l'inspection du régiment de Languedoc, dragons [1], qui s'y trouve actuellement. J'aurai l'honneur de vous prévenir du moment de mon arrivée, et, comme je me propose d'y passer quelques jours pour mettre décisivement en règle la conservation des chasses des domaines du Roi en Ponthieu, qu'il a plu à S. M. de m'accorder, je me trouverai à portée de raisonner avec vous sur tout ce que vous jugerez de convenable et d'avantageux à la ville [2]. »

Et, le 29 mars, il écrivait aux maire et échevins : « Je reçois, Messieurs, avec beaucoup de sensibilité l'empressement que vous voulez bien me marquer sur le voyage que je me propose de faire à Abbeville, et je vous prie d'être persuadés que je serai charmé de profiter de cette occasion pour vous offrir tout ce qui dépendra de moi relativement au bien public dont vous vous êtes aussi occupés [3]. »

La veille, M. de Mailly avait écrit à M. de Boëncourt pour le prier de vouloir bien autoriser le sieur de Louvel, lieutenant de la conservation des chasses du Roi en Ponthieu et major en survivance d'Abbeville, à faire afficher dans la ville l'ordonnance portant défense

1. Ce régiment, créé sous Louis XIV, au nom de cette province; en 1676, eut pour premier mestre de camp le chevalier de Ganges, le comte de Ranes en fut nommé mestre de camp le 24 février 1738.

2. Arch. d'Abbev., EE, 131.

3. Bibl. d'Abbev., ms. 93, fol. 352.

de la chasse dans les domaines du Roi ; il ajoutait qu'il lui serait très obligé de donner à M. de Louvel tous les renseignements dont il pourrait avoir besoin « sur cet objet[1]. »

Cette question de chasse fit naître quelques difficultés, ce qui donna lieu à une réclamation de la part de l'échevinage. M. de Mailly y répondit dans les termes les plus conciliants par une lettre datée de Paris du 21 avril 1773 ; cette lettre est ainsi conçue :

« L'on m'a informé, Monsieur, qu'à l'occasion de l'établissement de la conservation des chasses du Roi en Ponthieu, que je viens d'établir, l'on pensait que j'y ferais comprendre la banlieue d'Abbeville.

» Il est vrai que, sur la représentation que quelques gentilshommes me firent autrefois du désordre qui régnait sur cette partie de la part des habitants qui ravageaient avant le temps la plaine, de façon que la noblesse

---

1. Bibl. d'Abbev., ms. 93, fol. 351. — Le comte de Mailly avait obtenu le brevet de conservateur des chasses de la forêt de Crécy le 23 décembre 1748. (Arch. dép. de la Somme, C. 1965 ; registre aux chartes, fol. 2 ; voir aussi fol. 8). Nous lisons dans un manuscrit dû à Sangnier d'Abrancourt, lieutenant de la maîtrise des eaux et forêts d'Abbeville, que le comte de Mailly ayant obtenu « un brevet de conservateur des chasses dans la forêt de Crécy et le comté de Ponthieu, ne put avoir l'attache du sieur de Baudry, grand maître des eaux et forêts de Picardie ». Le comte de Mailly essaya de faire recevoir des garde-chasses, mais sans succès ; « l'affaire en resta là, conclut Sangnier d'Abrancourt, le comte de Mailly n'ayant fait aucun usage de son brevet depuis ce temps-là ». (Bibl. d'Abbev., ms. 166, p. 222).

ne pouvait profiter de cet agrément, j'avais proposé de régler la chasse en deux parties dont l'une, à laquelle une des portes de la ville serait affectée, serait pour les habitants et l'autre pour la noblesse.

» Il paraissait que cet arrangement ne pouvait être que convenable à l'un et à l'autre, mais on l'envisagea différemment, et, comme je n'avais eu en vue que le bon ordre et la distinction due à la noblesse sur un agrément qu'elle devait partager d'une façon convenable avec les habitants, j'abandonnai aisément les vues que j'avais proposées et vous devez, Monsieur, être bien assuré qu'elles n'auront jamais lieu, mon objet principal vis-à-vis de cette partie, ainsi que de celles qui doivent être comprises dans la conservation en général n'étant que d'établir l'ordre et la règle qui doit être suivie pour procurer ensuite à tous les gentilshommes de la province l'agrément de la chasse qu'ils pourraient désirer dans les parties dont ils sont à portée.

» Ce sont en général des sentiments qui me conduisent et me conduiront dans tous les temps, et je vous prie, Monsieur, de les faire connaître à ceux qui auraient pu s'y méprendre.

» Je compte aller à Abbeville dans le mois de juillet, et j'y passerai trois ou quatre jours pendant lesquels je serai charmé de conférer avec vous, Monsieur, sur quelques parties relatives à la place, comme aussi sur vos hôpitaux et sur le collège, dont les objets sont également intéressants et auxquels vous pouvez être assuré que je donnerai la plus grande attention.

» Je serai également charmé de me réunir à vos vues sur tous les objets intéressant le bien public, dont vous me jugerez à portée, et je serai charmé de vous convaincre par moi-même du parfait attachement avec lequel j'ai l'honneur d'être, etc.[1] »

Le 17 juillet suivant, il écrivait de Mailly aux mêmes au sujet d'une lettre qu'ils lui avaient adressée et dans laquelle ils lui faisaient connaître le résultat de leur démarche auprès du comte de Maillebois relativement au projet d'établissement d'une caserne et des logements des brigades de maréchaussée : « Ce sont des objets, ajoutait-il, dont je sens toute l'importance vis-à-vis du bien public, et auxquels je serai charmé de donner toute mon attention dans le voyage que je compte faire incessamment à Abbeville. C'est à ce moment que je remets d'en raisonner, Messieurs, avec vous, ainsi que sur toutes les autres parties que vous jugerez utiles et convenables[2]. »

Le 2 novembre 1773, à quatre heures du soir, le magasin à poudre d'Abbeville faisait explosion, causant pour plus d'un million de dégâts dans la ville, où près

1. Arch. mun. d'Abb., EE, 131.
2. Bibl. d'Abbev., ms. 93, fol. 353.

de cent cinquante personnes furent tuées, cent trente autres furent blessées et neuf cent soixante-sept maisons se trouvèrent endommagées. Dans cette circonstance, M. de Mailly fit tout ce qu'il put pour le soulagement des malheureuses victimes de cet accident [1].

1. Les effets de cette explosion se sont fait sentir dans un cercle d'au moins soixante-dix lieues de diamètre, dit Louandre dans son *Histoire d'Abbeville*. Soixante-sept maisons furent entièrement détruites et neuf cent soixante-sept autres furent plus ou moins endommagées; il y eut près de cent cinquante personnes de tuées et cent trente de blessées; les pertes s'élevèrent à près d'un million. Cette scène de désastre a été le sujet d'un tableau dû à un peintre abbevillois, Adrien Choquet. Un autre artiste de la même ville, le graveur C.-F. Macret, a reproduit cette peinture dans une estampe qui est encore aujourd'hui très répandue à Abbeville. Sur la gauche se voit le foyer de l'explosion d'où sont lancés dans l'air des pierres, des fragments de murs et des débris de construction; près de là, sur la droite, est un gros tronc d'arbre noueux dont la cime et les branches jonchent le sol; plus à droite, on voit un groupe de maisons qui s'écroulent, et d'autres pierres sont projetées en l'air; le sol est couvert de cadavres et de mourants; des hommes, des femmes, des enfants fuient de toutes parts. Cette gravure, qui mesure 335^{mm} de hauteur sur 445^{mm} de largeur, a été dédiée au comte de Mailly, dont on voit les armes au-dessous; elle porte : *Vue de l'explosion du magasin à poudre d'Abbeville, le 2 novembre 1773. — Dédié à Monseigneur le comte de Mailly. — Lieutenant-général des armées du Roy, commandant de la province de Roussillon, et gouverneur d'Abbeville. — Par son très humble et très obéissant serviteur C.-F. Macret.— A Paris, chez M. Aliamet, graveur du Roy, rue des Mathurins, vis-à-vis celle des Maçons; et Abbeville, chez M. Choquet, rue Notre-Dame. — En bordure : Peint par A. Choquet. — Gravé par C.-F. Macret. —* Devérité a aussi dédié au comte de Mailly son *Almanach du Ponthieu* pour 1776; voici en quels termes s'exprimait le futur conventionnel : « *A monseigneur, monseigneur le comte de Mailly, lieutenant général des armées du Roi, commandant du Roussillon et gouverneur d'Abbeville, etc., etc.* — Monseigneur, je désirois dédier cet *Almanach du Ponthieu* à un seigneur français de la plus illustre naissance que la

L'échevinage ne tarda point à s'occuper du soin de faire construire un nouveau magasin à poudre ; il correspondit avec le comte de Mailly qui, le 22 juin 1774, écrivait de Paris : « On ne peut mieux faire, Messieurs, que de s'en rapporter à vous sur l'emplacement que vous avez cru le plus convenable pour rétablir le magasin à poudre, et j'en ferai part au ministre pour que vos vues soient suivies en conséquence [1]. » Et, le 23 août suivant, il écrivait de Mailly : « J'ai reçu, Messieurs, la lettre que vous m'avez fait l'honneur de m'écrire par laquelle vous me faites part de vos réflexions sur l'emplacement du magasin à poudre et, comme je ne puis douter qu'elles ne soient fondées, à tous les titres, j'en ferai part au ministre aussitôt que je serai de retour à la cour, et je vous informerai des dispositions dans lesquelles je l'aurai trouvé à ce sujet.

» Vous devez être toutefois bien persuadé de l'intérêt essentiel que je mettrai en toute occasion vis-à-vis des objets qui intéresseront la ville [2] ».

reconnaissance publique m'eût indiqué comme le bienfaiteur de la ville qu'il gouverne, et son appui auprès du trône ; que le cri unanime des citoyens me forçât de nommer ; de qui j'eus reçu des marques très flatteuses d'une protection particulière, et j'ai l'honneur de vous supplier, monseigneur, de recevoir l'hommage que je vous fais de cette bagatelle. Je suis avec beaucoup de respect, etc. »

1. Bibl. d'Abbev., ms. 93, fol. 358.

2. Ibid., fol. 362.

Le comte de Mailly se montra toujours très respectueux des privilèges de la ville, comme on en a la preuve
par sa correspondance avec les officiers municipaux.
Ainsi, le 2 décembre 1774, il leur écrivait de Perpignan
qu'il avait reçu le mémoire adressé par eux au Roi pour
en obtenir la confirmation de leurs privilèges : « Il m'a
paru qu'ils étaient établis, disait-il, sur les principes les
plus justes. Il serait bien à désirer que l'on vous rétablît
en même temps dans les deux parties que vous réclamez,
et vous devez être assurés que j'y joindrai de mon côté
tout l'intérêt que je prendrai toujours à tout ce qui concerne les droits et privilèges de la ville [1] ».

Quelques mois plus tard, le bruit se répandit dans la
ville que le gouvernement allait envoyer prochainement
des troupes en garnison à Abbeville. Les officiers municipaux, alarmés, se renseignèrent aussitôt auprès du
commandant, qui leur répondit de Paris le 24 juin 1775
que ce bruit n'avait rien de fondé, ainsi qu'il venait d'en
avoir l'assurance par le ministre, lequel s'était montré
surpris d'apprendre cette nouvelle. M. de Mailly ajoutait
que le ministre lui avait paru tout disposé à faire punir
les officiers ou autres personnes coupables d'avoir fait
naître ou de propager ces faux bruits, « ce dont vous me
ferez part, je vous prie, s'il en était par la suite qui
s'avisassent de vouloir les renouveler. Soyez, d'ailleurs,

1. Arch. d'Abbev., EE, 131.

Messieurs, bien assurés qu'en toute occasion vous me trouverez toujours prêt à maintenir non seulement les privilèges de la ville, mais à concourir à tout ce qui pourra intéresser les habitants ».

Dans une lettre datée de Paris du 1er juillet suivant, le comte de Mailly exprime aux officiers municipaux toute la joie qu'il éprouve d'avoir appris par leur lettre qu'ils sont rassurés quant à la soi-disant garnison que l'on devait envoyer à Abbeville ; toutefois, disait-il, « il pourrait arriver que l'on y envoyât, s'il était nécessaire, quelque détachement pour le maintien de la police des grains, mais, hors ce cas, qui, j'espère, n'arrivera jamais par la police que vous tenez, Messieurs, par vous-mêmes, et l'affection des peuples vis-à-vis des ordres du Roi ; *le ministre vient encore de m'assurer* que l'on n'enverra de troupes en garnison à Abbeville que lorsque je le jugerai convenable, et ce sera à vous, Messieurs, que je m'adresserai pour connaître les temps où cet objet même pourrait être utile aux habitants[1] ».

Dans la même lettre, M. de Mailly répondant aux officiers municipaux au sujet de la réclamation qu'ils avaient formulée quant à la confirmation de leurs privilèges, « et notamment sur la nomination des offices », leur disait que son concours leur était acquis, mais que, pour qu'il pût les servir utilement, il était indis-

1. Arch. d'Abbev., EE. 131.

pensable qu'ils lui envoyassent un mémoire afin qu'il pût « en conférer avec M. le Contrôleur général et l'intendant des finances chargé du rapport ».

Chaque année, à l'occasion du 1ᵉʳ janvier, les officiers municipaux d'Abbeville adressaient leurs vœux au comte de Mailly; celui-ci répondait toujours très gracieusement et, le 5 janvier 1776, il disait : « Je serai toujours, Messieurs, très sensible aux témoignages que vous me donnerez de vos sentiments, et vous devez être bien persuadés de mon dévouement vis-à-vis de tous les objets du bien public dont vous vous occupez[1] ».

A partir de 1773, il fut question, à plusieurs reprises, de créer un évêché à Abbeville, ainsi qu'on le voit dans les Mss. Siffait et dans *la Topographie d'Abbeville* de M. E. Prarond (I, 203). L'échevinage ne manqua pas de solliciter l'appui du comte de Mailly; ce dernier répondit de Paris le 21 janvier 1776 : « Le Corps de ville, Monsieur, ayant fait différentes démarches sur la création d'un évêché en Ponthieu, et le chapitre de Saint-Vulfran m'en ayant écrit, j'ai cru devoir vous faire part des mêmes observations que je viens de faire à ce chapitre sur la destination que le Roi vient de faire de la province du Ponthieu en faveur de monseigneur le comte d'Artois en augmentation d'apanage, et que c'est consé-

1. Arch. mun. d'Abbev., EE, 151.

quemment à ce prince que les différents états doivent s’adresser.

« C’est en conséquence aussi que j’ai parlé de l’objet dont il s’agit à M. Bastard, chancelier de ce prince, et, après avoir conféré avec lui sur tout ce qui semble intéresser la création d’un évêché, je suis convenu avec lui que vous lui adresserez un mémoire en forme sur cet objet afin de le mettre en état comme moi de le suivre selon vos vues, et vous devez être bien persuadé qu’il ne dépendra pas de moi en cette occasion comme en toute autre de vous convaincre de l’intérêt le plus essentiel que je prends à tout ce qui peut regarder le corps de ville et la province[1] »...

Ce projet de création d’un évêché fut agréé par le Roi ; la requête que lui avait adressée l’échevinage fut expédiée à Rome, « d’où nous ne savons si elle est jamais revenue », dit M. Prarond.

Les bons Abbevillois ne laissaient jamais passer l’occasion de complimenter leur commandant dans les événements heureux de sa vie. Nommé chevalier des ordres du roi le 2 février 1776[2], les officiers municipaux ne manquèrent pas de féliciter le nouveau décoré, qui leur répondit de Paris le 9 février : « On ne peut être, Mes-

---

1. Cette lettre ne porte point le nom du destinataire, mais il n’est pas douteux qu’elle était adressée au maïeur d’Abbeville.

2. Il fut reçu le 26 mai suivant.

sieurs, plus sensible, et je pourrais même ajouter plus touché que je ne le suis de tout ce que vous me marquez à l'occasion de la grâce dont il a plu au Roi de m'honorer, et je vous prie d'être bien persuadés que, sans augmenter les sentiments à tous égards que je vous ai voués, il n'est rien que je désire autant que d'être à portée de vous en convaincre ».

Le 21 mars suivant, M. de Mailly donne, par lettre, quelques conseils à la municipalité pour le tirage de la milice [1].

Sous la date du 17 janvier 1778, nous trouvons une lettre du comte de Mailly écrite de Perpignan au corps de ville d'Abbeville au sujet de la navigation de la Somme : « Vous connaissez, Messieurs, disait-il, de tous les temps l'intérêt que j'ai voué à tout ce qui peut regarder la ville d'Abbeville, et vous devez être bien persuadés du désir que j'aurai toujours de m'unir à vos vues dans tout ce qui pourra lui être utile [2] ».

M. de Mailly, avons-nous dit, avait son logement chez le sieur Michault aîné ; or, comme les frères et sœurs de ce dernier habitaient le même hôtel, ils adressèrent à leur hôte une réclamation tendant à être déchargés du logement des troupes. Le 24 avril 1778, le comte de Mailly écrivait de Paris aux maire et échevins d'Abbeville :

1. 2. Arch. mun. d'Abbev., EE, 151.

« Mon logement, Messieurs, étant établi chez M. Michault, il doit conséquemment être déchargé de celui des troupes. Mais, quant à ce qui regarde la contribution de ses frères et sœurs pour le logement des troupes, ainsi qu'il est réglé vis-à-vis de tous les habitants, je ne vois pas que mon logement personnel, qui en exempte le frère aîné, puisse s'étendre au-delà. Et c'est à vous, Messieurs, à suivre ce que vous avez réglé en pareil cas. »

On ne saurait méconnaître le sentiment d'équité qui a fait dicter cette lettre. Mais les frères Michault revinrent à la charge auprès de leur hôte et lui donnèrent connaissance d'un précédent qu'avait créé l'échevinage lui-même. C'est ce qui ressort d'une nouvelle lettre écrite de Paris le 27 mai suivant par le comte de Mailly aux maïeur et échevins et ainsi conçue :

« Les sieurs Michault, chez qui j'ai fixé mon logement[1], me représentent, Messieurs, qu'un négociant de

---

1. Il a été plusieurs fois question du logement occupé par le comte de Mailly pendant toute la durée de son commandement à Abbeville. Il ne sera peut-être pas déplacé de dire ici un mot de l'hôtel choisi par cet officier général. La *Topographie d'Abbeville* de M. E. Prarond (III, 144) nous fournira à cet égard les renseignements les plus précis. Dès 1408, David de Rambures était en possession d'un immeuble, rue Saint-Vulfran, sur lequel son arrière-petit-fils, André de Rambures, gouverneur d'Abbeville, fit rétablir, en 1499, un hôtel plus vaste et une haute tour destinée à voir ce qui se passait hors de la ville. François de la Roche, marquis de Fontenilles, marié à l'héritière des Rambures, fit raser, en 1679, le vieil hôtel de Rambures et sa tour pour faire construire sur leur emplacement un autre

la ville chez qui M. le prince de Croy a pris son logement, n'a point été assujetti, non plus que les personnes des parents de la maison et qui y habitent avec lui, au droit de logement, et qu'il doit en être de même vis-à-vis

hôtel, qui porta indifféremment le nom d'hôtel de Fontenilles ou de Rambures. Son petit-fils, Louis-Antoine, vendit cet hôtel en 1730 à M. Michault.

D'après une communication que nous devons à l'extrême obligeance de M. Alexandre Watel, qui connaît si bien les vieilles familles abbevilloises, nous pouvons reconstituer la succession des propriétaires de cet immeuble depuis cette époque jusqu'à nos jours.

Philippe Michault, qui avait acheté l'hôtel de Fontenilles ou de Rambures en 1730, était d'une excellente famille bourgeoise d'Abbeville [a]. Il naquit en 1690, et, comme son père, fut négociant et devint consul ; il remplit les fonctions d'échevins en 1737 et 1738 ; il mourut le 24 mars 1743, et son corps fut transporté en la paroisse du Saint-Sépulcre. Marié à Françoise Le Marchand, de Saint-Valery, il en avait eu six enfants, deux garçons et quatre filles : 1º Nicolas-Claude, né en 1730, négociant, consul en 1765, juge en 1781, échevin en 1785 et 1786, mort sans avoir été marié le 23 avril 1793 ; — 2º Philippe-François, né le 11 mars 1732, aussi négociant, mort célibataire le 22 septembre 1800 ; — 3º Françoise-Madeleine, mariée par contrat du 25 décembre 1741 à Nicolas Hecquet de Bérenger, fils de honorable homme Jacques Hecquet, entrepreneur des moquettes ; — 4º Marie-Angélique, morte fille le 17 février 1788 ; — 5º Marie-Françoise, née en 1735, sans alliance ; — 6º Louise-Madeleine, décédée sans avoir été mariée le 11 février 1778. — Les enfants de M. Hecquet de Bérenger étant les seuls héritiers des sieurs et demoiselles Michault, leurs oncles et tantes, vendirent l'ancien hôtel de Rambures le 1er août 1807 à M. Jacques-Eloi Lecus et à Marie-Elisabeth Gambet, sa femme. M. Alfred Cendré, devenu propriétaire de cet immeuble comme seul et unique héritier de sa mère, née Lecus, qui en avait fait l'acquisition le 16 juin 1841, le vendit le 24 octobre 1860 à M. Fidèle-Edouard-Denis Thibaut, qui le revendit lui-

---

a. La famille Michault, d'après les manuscrits de l'abbé Buteux, était originaire du village de Beaumetz, aujourd'hui canton de Bernanville. Pierre Michault, lieutenant de la seigneurie de ce village, comparut en 1567 à la réformation des coutumes d'Amiens ; son fils Pierre paraît être venu s'établir à Abbeville, où ses descendants ont fait le commerce et rempli des charges publiques. (Ms. 122 de la bibl. d'Abbev., fol. 170.)

d'eux et de leurs sœurs, qui ne font qu'une seule personne, occupant une maison qui leur appartient en commun.

» C'est une représentation que je n'ai pu m'empêcher de trouver juste et encore plus d'après ce que vous avez réglé pour la maison où M. le prince de Croy prend son logement, me trouvant plus qu'autorisé à attendre de vous la même marque d'attention.

» C'est sur quoi je vous prie de me marquer ce que vous aurez réglé [1] ».

Cette lettre attira une verte réponse, que nous trouvons dans un brouillon portant la date du 31 mai 1778; le maïeur et les échevins disaient au comte de Mailly :

« C'est mal à propos que les sieurs et demoiselles Michault ont pris sur eux de vous écrire que le négociant chez qui M. le prince de Croy prend son logement n'a point été assujetti au logement de la garnison de Diesbach, ni lui *ni les personnes de ses parents qui demeurent avec lui.*

même en 1882 à M. Minet-Pruvost, le propriétaire actuel; cette maison porte le n° 66 de la rue Saint-Vulfran, mais nous devons faire remarquer que les immeubles portant les n°s 64, 68 et 70 sont construits sur l'emplacement de l'ancien hôtel de Rambures; dans la maison du n° 70 se trouvaient, paraît-il, dans de vastes sous-sols, les cuisines de l'hôtel, et les fondations de la tour existent encore du côté de la rue; enfin, dans la même maison, se voyait en 1844 un escalier dont « le noyau, d'une seule pièce en chêne », était « remarquable par sa forme et par sa dimension [a] ».

1. Arch. mun. d'Abbev., EE, 114.

a. *Histoire d'Abbeville*, par F.-C. Louandre, 2e édit., 1844-45, II, 226, note 2.

» Ce négociant est le sieur Michault de Vienne ; nous ne l'avons pas soumis personnellement au logement de Diesbach parce qu'il reçoit M. de Croy[1] quand il vient à Abbeville, de même que nous n'y avons pas assujetti le sieur Michault l'aîné, qui a l'honneur de vous recevoir, monseigneur, quand vous y venez.

» *Les parents du sieur de Vienne qui demeurent* chez lui se bornent à une nièce que nous aurions peut-être dû exempter d'aucune contribution parce qu'elle n'a pour ainsi dire aucuns biens ; cependant, nous l'avons mise au nombre des contribuables en argent.

» Nous avons astreint les parents mêmes de ceux d'entre nous qui en ont de logés chez eux à la même règle....

» Cette sévérité que nous avons observée par rapport à nous-mêmes, et la citation *unique* et portant à faux des sieurs et demoiselles Michault doivent vous convaincre de l'exactitude et de l'intégrité de nos opéra-

1. Emmanuel, duc de Croy, prince de Solre et du Saint-Empire, grand d'Espagne, grand veneur héréditaire du Hainaut, né à Condé en Hainaut le 23 juin 1718, fut nommé lieutenant général des armées du Roi en 1760, et fut pourvu du gouvernement des provinces de Picardie, Calaisis, Artois et Boulonnais ; il consacra une partie de sa fortune à la restauration du port de Dunkerque et aux fortifications de Calais ; c'est dans cette dernière ville qu'il résidait ; élevé à la dignité de maréchal de France le 13 juin 1783, il mourut à Paris le 30 mars de l'année suivante. On trouve un certain nombre de lettres écrites par lui aux maïeur et échevins d'Abbeville dans le ms. 93 de la bibliothèque et dans la série EE, 131, aux archives municipales.

tions. Nous ne pouvons vous dissimuler, monseigneur, que nous rougissons pour les sieurs et demoiselles Michault de l'égoïsme qu'ils montrent dans cette occasion, et du peu de ménagement avec lequel ils vous fatiguent de leurs réclamations qui, si elles étaient accueillies, deviendraient une injustice manifeste, eu égard à tous leurs concitoyens[1] ».

Pendant un espace de deux ans, nous ne trouvons aucune trace de la correspondance de M. de Mailly avec ses bons amis les Abbevillois ; mais, le 17 mars 1780, il leur adressait deux lettres datées de Paris ; dans l'une, il se félicitait d'avoir contribué à l'établissement des casernes ; il la terminait ainsi : « Et vous devez être assurés qu'il en sera toujours de même de ma part dans toutes les occasions utiles au bien public[2] ».

Dans la seconde lettre, il leur faisait part d'une nouvelle d'un intérêt tout à fait privé : son prochain mariage. Cet événement devait donner lieu à Abbeville à des réjouissances publiques dont le souvenir nous en a été fidèlement conservé par les registres aux délibérations de l'échevinage, ainsi qu'on le verra plus loin.

C'est en ces termes que M. de Mailly fit part au corps de ville de la nouvelle union qu'il était sur le point de contracter :

1. Arch. mun. d'Abbev., EE, 114.
2. Ibid., EE, 131.

« Les sentiments d'attachement, Messieurs, que vous m'avez toujours marqués m'assurent de l'intérêt que vous prendrez à la nouvelle dont j'ai cru devoir vous faire part de mon mariage avec mademoiselle de Narbonne, fille de M. de Narbonne, lieutenant général des armées du Roi et gouverneur de Sommièvre, et de Mme de Narbonne, dame de Madame, sœur du Roi.

» Mademoiselle de Narbonne joint à la plus haute naissance les qualités les plus distinguées, et le Roi en a honoré mon choix d'après la lettre que je lui en ai écrite, et dont je vous envoie, Messieurs, la copie.

» J'espère peut-être la mener à Abbeville au titre de l'intérêt qu'elle joindra à celui que j'ai voué à tout ce qui peut concerner les avantages de la ville[1] ».

Dans le ms. 93 de la bibliothèque d'Abbeville, il se trouve plusieurs lettres signées du comte de Mailly. La première, datée de Paris du 23 mars 1780, est écrite tout entière de sa main; nous la reproduirons in-extenso, mais en corrigeant les fautes d'orthographe dont elle est émaillée.

« Les sentiments, Monsieur (il écrivait au maire), que vous m'avez témoignés ainsi que messieurs du Corps de ville sur mon mariage augmenteraient s'il était possible l'intérêt que j'ai voué au bien public de ses habitants, et c'est au titre de la confiance que j'ai dans ces mêmes

1. Arch. d'Abbev., EE, 131.

sentiments que je n'hésite point à vous faire part de ce que je désirerais la recevoir à l'occasion de la réception de madame de Mailly.

» Je vais vous parler avec franchise sur ce qui me paraîtrait convenir et ce sera d'après ce que vous m'aurez marqué que je règlerai la démarche que madame de Mailly doit faire relativement à ce qui est dû à elle-même.

» Je désirerais donc que la ville lui donnât à souper en arrivant à l'hôtel de ville, et qu'à la suite il y eût un bal composé de personnes faites pour y paraître, le tout sans profusion ni confusion, mais au ton noble, simple et convenable.

» Madame la comtesse de Narbonne, sa mère, l'accompagnera et quelques personnes avec moi, ce dont, Monsieur, je vous informerai ainsi que du jour qui ne pourra être avant le 1er mai, si cet arrangement a lieu. Et c'est sur quoi je vous prie de me marquer la résolution qui sera prise, ne pouvant d'ailleurs que vous confier la sensibilité que j'en aurai si elle répond à ce que je désire. Je vous prie d'être en même temps bien persuadé des sentiments que j'en conserverai en général et vis-à-vis de vous personnellement par le désir de vous donner des preuves de la parfaite considération avec laquelle je suis, Monsieur, votre très humble et très obéissant serviteur. Le comte de MAILLY[1] ».

[1]. Ms. 93, fol. 97.

Il n'est pas douteux que la réponse transmise par l'échevinage à M. de Mailly ne fût tout à fait favorable à ses vues, car, le 10 juin, le comte écrivait de Mailly :

« Madame de Mailly, Messieurs, n'est pas moins sensible que moi à la réception que vous vous proposez de lui faire, et elle acceptera avec plaisir à son arrivée le 26 le souper que vous lui offrez à l'Hôtel de Ville ainsi que le bal à la suite.

» Ce sera, Messieurs, avec bien de la satisfaction que je me trouverai à portée de vous renouveler l'intérêt que je ne cesserai de prendre à tout ce qui peut contribuer au bien général de la ville[1] ».

C'est à la suite de cette lettre que les officiers municipaux prirent toutes les dispositions pour donner pleine et entière satisfaction à M. de Mailly. Dès le 7 juin, ils avaient cru devoir informer le comte d'Agay, intendant de Picardie, de l'arrivée prochaine dans leur ville de M. et de Mme de Mailly auxquels ils avaient l'intention de rendre les plus grands honneurs possibles. Trois jours plus tard, l'intendant leur accusait réception de leur lettre et, en administrateur prudent, il croyait devoir rappeler aux édiles abbevillois qu'ils n'avaient que peu de ressources ; au reste, voici ce qu'il leur disait :

« Je sens bien que, malgré le fâcheux état de votre

1. Arch. mun. d'Abbev., EE, 131.

caisse municipale, vous ne pouvez vous dispenser de faire quelque dépense dans cette occasion ; mais il faut la régler par une délibération que vous m'enverrez pour recevoir mon approbation. Je n'ai pas besoin de vous dire que la considération des grâces que vous venez d'obtenir du gouvernement pour la reconstruction de vos ouvrages publics est une raison de plus pour vous engager à apporter dans cette dépense toute l'économie possible, sans cependant manquer à rien de ce qui est nécessaire pour l'honneur du corps municipal[1] ».

La crainte exprimée dans cette lettre ne fut assurément point partagée par les officiers municipaux. Ils résolurent de recevoir dignement l'homme qui, malgré ses multiples occupations, trouvait encore le temps de s'intéresser à toutes les améliorations utiles qui concernaient la ville dont il avait le commandement.

Le compte rendu de la brillante réception qui fut faite au comte de Mailly et à sa jeune femme a été transcrit dans tous ses détails au registre aux délibérations de l'échevinage[2] ; nous en serrerons le texte de très près et nous le donnerons presque en entier. On verra avec quel entrain furent organisées ces fêtes. Au reste, les Abbevillois ont donné dans tous les temps maintes preuves de leur savoir-faire dans des circonstances semblables.

1. Arch. mun. d'Abbev., EE, 131.
2. Registre aux délibérations de l'échevinage du 24 août 1778 au 18 août 1780, fol. 84, v° à 89.

Le mercredi 14 juin 1780, l'échevinage se réunissait dans la chambre du Conseil de l'hôtel de ville sous la présidence du maïeur, M. Gabriel-Augustin Blondin [1], écuyer, seigneur de Bazonville, du Translay et autres lieux, chevalier de l'ordre royal et militaire de Saint-Louis, ancien capitaine d'infanterie au régiment de Hainaut, lieutenant général juge de police et maïeur commandant pour le Roi en la ville d'Abbeville ; étaient présents : MM. Duval de Soicourt [2], lieutenant de maire, de Boileau [3], Hecquet d'Orval [4], Lefebvre de Cor-

1. Il était fils cadet de François Blondin, seigneur de Brutelette, procureur du Roi, subdélégué de l'intendant de Picardie à Abbeville, et de Marie-Catherine Fuzelier.

2. Pierre-Nicolas Duval, écuyer, sieur de Soicourt, fief à Saint-Riquier, et de la Grosse-Tête, fief à Ligescourt, mousquetaire noir du Roi, chevalier de Saint-Louis, lieutenant de maire d'Abbeville de 1778 à 1782, était né le 26 novembre 1732 ; il épousa par contrat du 15 février 1776 Marie-Françoise Tillette d'Offinicourt, dame du Fayel et des Héreaux, née le 5 septembre 1752 ; il est mort le 6 avril 1808 ; sa femme était décédée le 10 décembre 1776; il était fils de Nicolas-Pierre, lieutenant particulier, assesseur criminel en la sénéchaussée de Ponthieu, l'un des juges du chevalier de la Barre.

3. Marie-Louis-Joseph de Boileau, écuyer, sieur de Ténède, avocat à Abbeville, maïeur en 1782, avait épousé en premières noces Marie-Jeanne-Françoise Lefebvre des Amourettes, et, en secondes noces, Julie-Mélanie Manessier de Coulombeauville; il eut, de cette seconde alliance, une fille, Mélanie, auteur de deux romans parus en 1808.

4. Pierre Hecquet, sieur d'Orval, écuyer, entrepreneur de la manufacture royale de moquettes d'Abbeville, né le 18 août 1743, à Abbeville, où il est mort en 1827, avait épousé par contrat du 29 novembre 1769 Marie-Françoise Nau de Maison-Rouge. (Voy. *les Hommes utiles de l'arrondissement d'Abbeville,* par M. E. Prarond, p. 115, et *Famille Nau ; notice historique et généalogique.* (Paris, Delalain, 1894, in-8°.)

mont[1] et Aliamet de Martel[2], échevins, Delf[3] et Delattre[4], assesseurs, Duval de Grandpré[5], procureur du Roi, et Coulombel[6], secrétaire-greffier.

Cette réunion avait été motivée par une lettre datée du 2 juin précédent annonçant l'arrivée en cette ville du comte et de la comtesse de Mailly, qui devaient séjourner à Abbeville le 26 et le 27 juin.

Après la lecture de cette lettre, « la compagnie, considérant la protection éclatante dont M. le comte de Mailly a toujours honoré cette ville, les services essentiels qu'il n'a cessé de rendre ; considérant aussi que cette occasion est la plus favorable pour manifester les sentiments d'affection et de reconnaissance » dont

1. François-Charles Lefebvre de Cormont, avocat, fut échevin de 1777 à 1782.

2. Claude-Alexandre Aliamet de Martel, échevin de 1778 à 1782, consul en 1783 et 1784.

3. Nicolas-Antoine Delf, échevin de 1779 à 1784, était conseiller à l'élection.

4. François-Pascal Delattre, négociant, échevin de 1779 à 1785, consul en 1785 et 1786, président du Tribunal de commerce de 1791 à 1797, député du Ponthieu à l'Assemblée nationale de 1789, membre du conseil des Cinq Cents, puis du Corps législatif, fut préfet du Vaucluse de 1804 à 1811. Il était né à Abbeville en 1749 ; il y mourut le 4 août 1834. (Voy. les *Hommes utiles*, par M. E. Prarond, p. 60.)

5. Charles-François Duval de Grandpré, avocat, né à Abbeville le 19 août 1740, fut député de la sénéchaussée de Ponthieu à l'Assemblée nationale de 1789.

6. Pierre-Nicolas Coulombel, notaire de 1773 à 1821 ; son étude est aujourd'hui celle de M. Deslaviers.

étaient animés les magistrats municipaux, a décidé à l'unanimité qu'il serait offert au comte et à la comtesse de Mailly un souper à l'hôtel de ville et un bal à la salle de spectacle. MM. de Boileau et Hecquet d'Orval reçurent pour mission de leurs collègues de se rendre à Amiens à l'effet d'inviter au nom de l'échevinage le comte et la comtesse d'Agay [1] de vouloir bien prendre part à cette fête. Il fut aussi décidé que l'on inviterait le marquis, la marquise et la comtesse de Monchy [2].

1. Marie-François-Bruno d'Agay, chevalier, né en 1722, créé comte par lettres patentes de 1766, était fils aîné d'Antoine Philibert, président à mortier au parlement de Franche-Comté, seigneur de Myon, de Villers et de Mutigney, et d'Anne-Ignace de Boitouset d'Epernay; Bruno d'Agay fut successivement reçu avocat général au parlement de Franche-Comté en 1749, maître des requêtes en 1759, président au grand Conseil en 1765, intendant de Bretagne en 1767, puis de Picardie de 1771 à 1789. Dans l'*Espion dévalisé* (Londres, 1782), que les uns attribuent au comte de Mirabeau, d'autres à Baudouin de Guémadeuc, ancien maître des requêtes, on lit (p. 222): « Montigney, Franc-Comtois d'origine, protégé de M. Duras, a été tiré de Rennes, en 1771, quand on y envoya Bacquencourt (Dupleix de Bacquencourt, intendant de Picardie de 1767 à 1771), et conduit Amiens aujourd'hui. Mutigney s'appelle d'Agai, et on le disait parent du doyen du Conseil, d'Agaisot (d'Aguesseau); c'est le plus pauvre individu, qui a cependant une belle province, la Picardie ». L'administration de d'Agay fut féconde en améliorations de toutes sortes pour la Picardie en général et pour Abbeville en particulier, ainsi que l'a fait ressortir M. de Boyer de Sainte-Suzanne dans son ouvrage sur *les Intendants de la généralité d'Amiens,* pp. 226 et suiv. (Paris, 1865. In-8º). Le comte d'Agay épousa Charlotte le Bas du Plessis et en eut deux garçons et deux filles. Pendant la Révolution, il se réfugia à Paris et y mourut le 5 décembre 1805.

2. André-Honoré, marquis de Monchy, baron de Visme, capitaine au régiment royal, devint sénéchal et gouverneur du Ponthieu

On décida de prier Mme Blondin de Bazonville [1], femme du maïeur, de faire les honneurs de cette fête avec Mmes Duval de Soicourt [2], de Boileau [3], Hecquet d'Orval [4], Aliamet de Martel et Lefebvre de Wadicourt [5]; l'invitation devra être faite à Mme de Bazonville par MM. de Boileau et Lefebvre de Cormont, et l'invitation aux autres dames par MM. Delf et Delattre.

L'assemblée résolut d'inviter au repas tous les officiers

après le décès de son frère, Benoît-Alexandre, comte de Monchy, arrivé le 6 septembre 1768. Le marquis de Monchy, qui demeurait à Sailly-le-Sec, avait épousé en premières noces le 18 octobre 1736 Marie-Hélène-Liévine du Rietz de Willerval, et, en secondes noces, Philippe-Louise-Hortense le Roy de Saint-Lau, fille unique de Claude et de Marie-Madeleine-Josèphe-Louise de Lannoy; cette dernière épousa en secondes noces le 17 novembre 1748 le comte de Fontaines; sa fille, la marquise de Monchy, morte le 21 mars 1813 à l'âge de 66 ans, avait épousé en secondes noces le marquis Charles-Marie-Hubert des Essars. Quant à la comtesse de Monchy, dont il est ici question, c'était Louise-Elisabeth Texier d'Hautefeuille, mariée au mois d'août 1723 à Benoît-Alexandre, comte de Monchy, frère du marquis de Monchy, dont il vient d'être parlé.

1. Marie-Charlotte-Rosalie Wignier, demoiselle du Translay, née à Abbeville le 15 octobre 1730, fille d'Adrien-Jacques, écuyer, seigneur de Franssu, et de Françoise-Charlotte du Chesne de Courcelles; elle épousa M. de Bazonville par contrat du 16 janvier 1764. (*Généalogie de la famille Wignier*, p. 19. Abbeville, 1894. In-8o.)

2. Née Marie-Françoise Tillette d'Offinicourt. (V. plus haut, p. 113, note 2.)

3. Née Julie-Mélanie Manessier. (V. plus haut, p. 113, note 3.)

4. Née Marie-Françoise Nau de Maison-Rouge, le 24 janvier 1753; elle était fille de Jean-Joseph et d'Anne de la Biche. (V. plus haut, p. 113, note 4.)

5. Née Jeanne-Françoise-Hyacinthe Dorlet de la Vaulte, dame d'Epagne, née en 1740, fille de Pierre-Alexandre-Joseph, écuyer, seigneur d'Epagne.

municipaux, les anciens maïeurs, le lieutenant général [1],
le procureur du Roi en la sénéchaussée de Ponthieu [2],
le président de l'élection [3], le président au grenier à
sel [4], le juge consul en charge [5], M. Dejean [6], ingénieur
en chef, le commissaire des guerres [7], M. de Fontaine

1. François-Jacques de Clémenceau, seigneur de la Gaultray, lieutenant général depuis 1771.

2. Jean-Clément Hecquet, sieur de Roquemont, procureur depuis 1761.

3. Michel-François Hermant de Norville, mousquetaire de la garde du Roi, né le 31 mai 1748 à Abbeville, où il est mort le 9 juin 1828.

4. Jean-Jacques-Vulfran Delegorgue, avocat.

5. Adrien Meurice.

6. Jean-François-Aimé Dejean, né à Castelnaudary le 6 octobre 1749, capitaine au corps royal du génie, fut nommé ingénieur en chef dans les places fortes de Picardie en 1778; l'année suivante, il épousa à Abbeville Alexandrine-Marie-Elisabeth le Boucher de Richemont, morte prématurément peu de temps après son mariage; c'est à cet ingénieur qu'Abbeville est redevable de l'embellissement de ses remparts. (V. *Almanach de Picardie* de 1783.) Cet officier prit part aux guerres de la Révolutien, suivit Bonaparte en Italie, devint ministre de la guerre, grand trésorier de la Légion d'honneur et inspecteur général des fortifications. Envoyé à Gênes après le 18 brumaire en qualité de ministre extraordinaire, il contracta dans cette ville une seconde union; son fils et lui épousèrent les deux sœurs. Créé comte de l'empire, Dejean mourut à Paris le 12 mai 1824. Son fils, Pierre-François-Auguste, né à Amiens en 1780, devint aide de camp de l'empereur et général de division à 33 ans. Il s'occupa beaucoup d'entomologie. Il mourut en 1845. (V. *Journal d'Abbeville* du 25 mars 1845.)

7. De Marantin fils, qui avait succédé le 1er avril 1780 au sieur Dupeuty, écuyer; ce dernier avait été nommé le 1er janvier 1777; on verra plus loin que Marantin, qui avait eu des difficultés avec l'échevinage, fut remplacé au mois de mars 1783.

d'Imbleval [1], M. Blondin [2], conseiller au présidial, ancien député de cette ville, MM. Desobeau et de Beaulieu [3], chefs de l'artillerie, les quatre premiers officiers du régiment de Savoie-Carignan [4], alors en garnison à Abbeville, et le commandant du 4ᵉ régiment de chasseurs [5].

1. Pierre-Nicolas de Fontaines, chevalier, seigneur d'Imbleval, chevalier de Saint-Louis, major des portes d'Abbeville, né le 15 février 1711, était fils de Nicolas-Joachim, chevalier, seigneur de Woincourt, Yzengremer et autres lieux, capitaine au régiment de Fontenilles, et de Léonore-Françoise d'Amerval; il était veuf et sans enfants en 1773; il avait été reçu major d'Abbeville pour le Roi après la mort du sieur Vaillant, dont il acheta la charge le 8 février 1746; à l'occasion de sa réception, il offrit un repas qui lui coûta quinze cents livres; il y avait quarante-cinq couverts. (Bibl. d'Abbev., ms. 240, p. 308.)

2. Charles-Vilbrode Blondin de Bélesme, écuyer, seigneur de Brutelette, né le 11 novembre 1721, devint conseiller-secrétaire du Roi près le Conseil supérieur de Nancy; il épousa le 16 février 1756 Marie-Marguerite-Aimée Sannier, et mourut au mois de septembre 1790; il était frère aîné de M. de Bazonville, maïeur.

3. L'*Almanach du Ponthieu* pour 1779 mentionne M. le Hautier, chevalier de Saint-Louis, comme capitaine d'artillerie en résidence à Abbeville, et, dans celui de 1783, il est remplacé par M. de Beaulieu, de Saint-Valery.

4. Le 2ᵉ bataillon du régiment de Savoie-Carignan, infanterie, arriva à Abbeville le lundi 15 mai 1780, venant de Montreuil-sur-Mer; l'effectif était de 400 hommes. Le lendemain, lit-on dans les Mss. Siffait (V, 332), deux compagnies allèrent prendre garnison à Saint-Valery et vers Cayeux. Le 18 octobre suivant, le régiment de Savoie-Carignan était envoyé en garnison à Landrecies. Les quatre premiers officiers dont il est ici question étaient MM. de Fabert, de Champelos, de Galtier et de la Roque. (V. notre ouvrage *les Princes de Savoie-Carignan*. Abbeville, Fourdrinier, 1892, in-8º.)

5. Ce régiment était arrivé à Abbeville le 7 janvier 1780.

Les échevins s'étant ensuite occupés du bal décidèrent que, pour éviter toute confusion, il sera dressé une liste des personnes qui seront invitées, que cette liste devra être arrêtée et signée au bureau ; les bulletins imprimés avec la mention : *Bal paré et prié,* porteront le nom des personnes invitées ; ces bulletins seront remplis et signés par M. Aliamet de Martel, que ses collègues prièrent de se charger de ce soin. Chaque membre de l'Hôtel de Ville aura droit à quatre bulletins dont il pourra disposer à sa guise.

MM. de Boileau, Hecquet d'Orval, Aliamet de Martel et Delattre furent désignés pour remplir les fonctions de commissaires de bouche et de commissaires aux honneurs du repas et du bal ; leurs collègues leur laissèrent carte blanche pour toutes les dépenses qu'ils jugeront nécessaires à cet effet, mais en déclarant toutefois qu'ils s'en réfèrent « absolument à leur prudence ».

MM. de Boileau et Hecquet d'Orval furent en outre chargés d'emprunter la vaisselle plate, l'argenterie et les meubles dont on pourra avoir besoin, et d'en donner reçu.

MM. Delattre et Champion[1] reçurent pour mission de faire approprier la chambre du conseil et la grande salle ; ils furent autorisés « à faire toutes les dépenses à ce né-

---

1. Louis-François-Marie Champion, notaire de 1767 à 1805 ; c'est aujourd'hui l'étude de M⁰ Garçon.

cessaires ». Pour donner plus d'aisance aux convives à la table que l'on établira dans la grande salle, on décida d'enlever l'estrade placée à l'une des extrémités.

Enfin, avant de se séparer, les échevins ont résolu de faire illuminer la cour et la façade de l'hôtel de ville, ainsi que la façade de la salle de spectacle.

Le lundi 26 juin, à trois heures du soir, avait lieu une nouvelle réunion du corps de ville, où assistaient les mêmes membres, moins MM. Delf et Delattre. A l'issue de la séance, il fut rappelé que le comte et la comtesse de Mailly, qui arrivaient le jour même à Abbeville, devaient y passer la journée du lendemain, et qu'il convenait « de chercher tous les moyens de leur rendre ce séjour agréable. » Il fut ajouté qu'ils avaient accepté le souper qui devait leur être offert le soir même à l'hôtel de ville et le bal qui aurait lieu ensuite à la salle de spectacle. Mais comme, précédemment, l'échevinage n'avait pris aucune mesure concernant les distractions qu'il pourrait offrir à ses nobles hôtes, il y aurait peut-être lieu, pour « varier les plaisirs », d'offrir « un bal au Pâtis suivi d'un ambigu en cet hôtel de ville, que cette fête champêtre réunirait l'avantage de faire partager au peuple la joie commune, et de manifester à M. le comte de Mailly les sentiments d'affection et de reconnaissance dont tous les citoyens sont pénétrés. »

Cette proposition reçut le meilleur accueil, et, à l'unanimité, les membres composant l'échevinage résolurent d'offrir au comte et à la comtesse de Mailly le lendemain mardi à quatre heures de l'après-midi un bal au Pâtis et, le soir, un souper à l'hôtel de ville. A ce repas seront invitées toutes les personnes désignées dans la délibération du 4 juin précédent, auxquelles on adjoindra le colonel, le major, quatre premiers capitaines et deux premiers lieutenants du régiment de Savoie-Carignan, M. de Fontaines, MM. Desobeau et de Beaulieu, de Marantin, commissaire des guerres, Dejean, ingénieur, les deux capitaines de la cinquantaine[1] et les deux lieutenants commandant les détachements qui devront former la garde de M. de Mailly, et M. Delegorgue, subdélégué.

Dans la même séance, les échevins décidèrent que deux compagnies de la cinquantaine en armes seront chargées de veiller au maintien de l'ordre pendant ces fêtes ; — que, le lendemain 27, le trompette de la ville annoncera dans toutes les rues et carrefours qu'un bal sera donné par le corps de ville au Pâtis, où « toute personne honnêtement vêtue selon son état » pourra se présenter ; — que des rafraîchissements semblables à ceux que l'on servira « à la salle de spectacle seront distribués à cette fête aux classes honnêtes, et qu'à l'égard

1. Maillard de Guibermesnil et Paul Plantard de Phlibeaucourt.

du peuple distribution lui sera faite de tartes, de gâteaux fins et de cidre. »

MM. Aliamet de Martel et Delattre furent nommés commissaires et autorisés « à faire toutes les dépenses nécessaires », mais leurs collègues entendaient bien qu'ils ne se lanceraient point dans des prodigalités, car, comme à la délibération précédente, ils mettent une sourdine au crédit illimité accordé par eux aux commissaires en ajoutant qu'ils s'en rapportent « absolument à leur prudence. »

A la suite de cette délibération se trouve un procès-verbal fort étendu des fêtes des 26 et 27 juin ; il est daté du 28 juin et signé de MM. Duval de Soicourt, lieutenant de maire ; de Boileau, Hecquet d'Orval, Lefebvre de Cormont et Aliamet de Martel, échevins ; Champion, assesseur ; Duval de Grandpré, procureur du roi, et Coulombel, secrétaire-greffier. Nous résumerons et analyserons ce curieux document.

Le comte de Mailly avait écrit au maïeur d'Abbeville qu'il ferait son entrée le 26 juin à quatre heures du soir. Mais, pour une cause qui nous est inconnue et qui se produisait rarement en pareil cas, il arriva à trois heures ; il était accompagné de sa femme, du comte d'Ortaffa et du chevalier du Cheron. Les préparatifs de la brillante réception que voulait faire l'échevinage n'étaient point terminés. Un détachement de trente hommes de la compagnie de la Jeunesse commandé par un lieutenant devait se trouver en dehors de la porte du Bois ; le maïeur, accompagné de M. de Fontaines, capitaine des portes, faisant fonctions de major, se proposait d'attendre ses hôtes sur le glacis et de leur adresser un compliment. Douze compagnies de la garde bourgeoise avaient reçu l'ordre de former la haie du côté droit, depuis la porte du Bois jusqu'à l'hôtel de Rambures, où devait descendre le comte de Mailly, tandis que le régiment de Savoie-Carignan, qui tenait garnison à Abbeville, devait former la haie du côté gauche. Rien de tout cela n'était prêt.

Les nobles visiteurs, que rien n'arrêtait dans leur marche, se rendirent directement à l'hôtel de Rambures, appartenant à MM. Michault frères, où des appartements leur avaient été préparés. Là, ils trouvèrent sous les armes un détachement de trente hommes de la compagnie de la Jeunesse commandé par un lieutenant destiné à servir de garde au commandant ; un détachement du régiment de Savoie-Carignan y avait été aussi envoyé pour le même objet. Mais le comte de Mailly, ne voulant point enfreindre les privilèges de la ville, ne garda que le détachement des milices bourgeoises de la Jeunesse.

L'arrivée anticipée des visiteurs avait quelque peu dérouté les bons édiles qui, dès qu'ils furent avertis de ce qui venait d'avoir lieu, se réunirent en toute hâte dans la chambre du conseil à l'hôtel de ville. Là, ils délibérèrent de se transporter sur le champ « en cérémonie » à l'hôtel de Rambures ; ils se firent précéder du trompette de la ville et escorter des sergents de ville de la première et de la deuxième classe.

Arrivé à l'hôtel de Rambures, le corps de ville fut introduit dans l'appartement du comte de Mailly ; suivant l'usage, le maïeur lui présenta ses collègues. Puis, M. de Boileau, premier échevin, offrit les vins d'honneur au comte. Si ce dernier avait voulu esquiver le feu de la harangue municipale en avançant son entrée d'une heure, il en fut bien vite détrompé. Toutefois, le maïeur, qui gardait peut-être une dent contre le commandant de ce qu'il n'avait pu placer son morceau d'éloquence en temps opportun, laissa la parole au premier échevin, qui s'exprima en ces termes :

« Monseigneur,

» Ce n'est qu'avec les sentiments de la joie la plus vive que vos citoyens vous voient enfin dans ces murs. La reconnaissance et l'affection vous assurent depuis longtemps sur tous les cœurs des droits mérités. Ces secours généreux aussi prompts qu'efficaces prodigués aussitôt l'explosion du magasin aux poudres ont fait une impression profonde qui ne s'effacera jamais. Les édifices qui s'élèvent et ceux qui vont suivre sont encore un monument de votre bienfaisance. Votre présence elle-même est une faveur dont nous sentons tout le prix.

» Vous doublez le bienfait, Monseigneur, en nous procurant l'avantage de saluer madame la comtesse de Mailly, et de lui présenter notre hommage respectueux. La naissance et les vertus ont assorti cette hyménée ; la satisfaction pure que vous en ressentez, nous nous empressons de la partager. Heureux si la fête que vous daignez agréer peut quelques moments charmer vos loisirs ! Nous réclamons votre indulgence pour ses apprêts et pour son exécution. Ce sera au moins la fête du cœur et le tribut du sentiment. »

M. de Mailly remercia l'orateur et l'assura qu'il était très sensible aux sentiments qu'il venait d'exprimer à son égard. Il ajouta que la comtesse ne pourrait être visible que vers les sept heures du soir. Le corps de ville se retira alors et retourna au grand échevinage, d'où, à sept heures, il se rendit de nouveau en cérémonie à l'hôtel de Rambures. Ayant été introduit dans la grande salle, il eut l'honneur de saluer Mme de Mailly ; après la présentation d'usage faite par le maïeur, M. de Boileau y alla de son deuxième compliment, qui ne devait pas être le dernier ; il s'exprima ainsi :

« Madame,

» Vous venez dans une ville qui doit vous être peu

connue, et qui n'offre aucun monument digne de vous occuper. La fidélité de ses citoyens envers ses rois, leur attachement inviolable au sang qui règne sur la France, les bontés paternelles dont M. le comte de Mailly les a toujours honorés, leur affection tendre, leur reconnaissance, leur dévouement, voilà nos seuls titres. En faut-il d'autres auprès de vous, Madame, dont les vertus devancent les années, et qui réunissez les qualités acquises aux fleurs du bel âge à l'éclat de la beauté ? Trop digne de votre époux pour ne pas partager ses sentiments, nous vous présentons avec confiance notre hommage respectueux. »

Les officiers composant le corps de ville sont restés dans la salle où ils venaient d'être reçus « pour faire particulièrement leur cour à madame la comtesse. » Bientôt on annonça Mmes Duval de Soicourt, Hecquet d'Orval et Aliamet de Martel, qui furent présentées par le maïeur à Mme de Mailly ; puis, quelques instants après, arrivèrent Mmes Blondin de Bazonville, de Boileau et Lefebvre de Wadicourt, dont la présentation fut faite également par M. de Bazonville.

C'est aussi à l'hôtel de Rambures, nous apprennent les Mss. Siffait (V, 339) que le chapitre de Saint-Vulfran dut se transporter pour complimenter le comte et la comtesse de Mailly. Vers les huit heures et demie du soir, ces derniers quittèrent l'hôtel de Rambures pour se rendre à l'hôtel de ville ; ils étaient accompagnés des officiers municipaux et des dames nommées plus haut. Ils arrivèrent en carrosse par la rue des Carmes, au témoignage des auteurs des Mss. Siffait, qui nous font connaître qu'en prévision de cette réception l'échevinage avait fait percer le mur du jardin de l'hôtel de ville pour établir une porte à deux battants.

Le comte et la comtesse de Mailly furent reçus dans la chambre du conseil qui avait été disposée en vue de cette réception ; on avait enlevé les tables et les bancs qui s'y trouvaient ordinairement et on les avait remplacés par des chaises en tapisserie (Mss. Siffait, V, 339). Ils trouvèrent là toutes les personnes invitées au souper conformément à la délibération du 14 juin précédent, à l'exception, toutefois, du comte d'Agay, qui s'était excusé « sur la surcharge des affaires », de la comtesse d'Agay, indisposée, de la comtesse douairière de Monchy, qui avait prétexté son grand âge, et du marquis et de la marquise de Sailly [1], à cause du décès récent de M. de Fontaines-Saint-Lau [2], beau-père de Mme de Sailly.

1. André-Honoré, marquis de Monchy, dont il a été parlé plus haut, était aussi qualifié marquis de Sailly.

2. Nicolas-Aimard, comte de Fontaines, fils de Pierre-Claude, seigneur de Neslette, et de Marie Bonnet ; le comte de Fontaines n'eut pas d'enfants de Marie-Madeleine-Josèphe-Louise de Lannoy, veuve du marquis de Monchy, qu'il avait épousée le 17 novembre 1748.

A neuf heures précises, le sieur Wattier, faisant les fonctions de maître d'hôtel, annonça que le souper était prêt. M. de Bazonville ayant donné la main à Mme de Mailly la conduisit dans la grand'chambre au fauteuil qui lui était destiné et qui se trouvait au milieu de la table, du côté de la cour. La table contenait cinquante-cinq couverts (Mss. Siffait). Le comte de Mailly donna la main à Mme de Bazonville, qui le conduisit au fauteuil placé en face de celui de Mme de Mailly.

A droite de la comtesse prirent place M. de Bazon-ville, Mme de Boileau et M. de Soicourt ; à gauche, le comte de Troussebois, colonel du régiment de Savoie-Carignan, Mme d'Orval et M. de Clémenceau.

A droite de M. de Mailly étaient placés Mme de Ba-zonville, M. Deraffin, major du régiment de Savoie, Mme de Martel et le comte d'Ortaffa ; à gauche, Mme de Soicourt, le chevalier du Cheron, Mme de Wadicourt et le président de Boëncourt [1]. « Toutes les autres personnes invitées ont occupé le surplus de la table entremêlées avec MM. du corps de ville. »

Pendant le souper, la musique du régiment de Savoie,

---

1. Louis-Joseph Gaillard, chevalier, seigneur de Boëncourt, Frami-court et Morival, né en 1709, devint président au présidial et fut plu-sieurs fois maïeur d'Abbeville ; il eut six enfants de Angélique d'Au-berville qu'il avait épousée en 1732 et qui mourut en 1743 ; à l'âge de 72 ans, après une viduité de trente-huit années, il se maria en se-condes noces, en 1741, à Marie-Claude Giroult.

placée dans la chambre du conseil, fit entendre plusieurs morceaux de son répertoire.

Lorsque l'on fut arrivé au dessert, M. de Boileau s'étant levé présenta les vins d'honneur à la jeune mariée, et, pour la troisième fois, il prit la parole. Mais il faut reconnaître qu'il avait le bon goût de ne faire que de courtes harangues ; voici ce qu'il dit :

« Madame,

» Ce moment est sans doute le plus flatteur.

» Quel charme et quel agrément de réunir à cette table deux illustres époux, de les voir s'associer avec nous, de voir les grâces et la beauté, la naissance et la grandeur sourire avec indulgence aux expressions de notre reconnaissance !

» Couple auguste et cher, votre hyménée est pour nous l'événement le plus fortuné ! Cette protection éclatante dont cette ville a jusqu'ici ressenti les heureux effets, nous espérons la voir doubler. Nous espérons, Madame, obtenir et mériter la même bienveillance dont nous honore M. le comte de Mailly.

» Nous accordions d'avance à son épouse le tribut de nos sentiments. L'avantage de vous connaître personnellement change le devoir en affection. Vos vertus, tant de qualités réunies, ont fait l'impression la plus vive. L'hommage que nous vous présentons est celui du cœur, et ces vins d'honneur que nous vous prions d'agréer, nous vous les offrons comme la preuve et le gage de notre sensibilité. »

A la suite de ce compliment, tout à fait dans le goût de l'époque, la comtesse de Mailly, sachant sans doute que Mme Aliamet de Martel était musicienne, l'invita à chanter quelques couplets, ce qu'elle fit de bonne grâce. Puis, M. Delattre présenta une pièce de vers à Mme de Mailly. Enfin, M. de Bazonville but « aux santés », comme on disait alors, des deux nobles hôtes de la ville d'Abbeville.

Vers minuit, le comte et sa jeune femme furent conduits au bal; ils sortirent par la grand'porte de l'hôtel de ville, qui était brillamment illuminée; les manuscrits Siffait (V, 337) nous apprennent que 1500 lampions garnissaient la façade de l'hôtel de ville et que jamais on n'en avait vu un si grand nombre. Ils furent allumés à dix heures du soir. Les mêmes manuscrits, complétant les détails donnés par le registre aux délibérations de l'échevinage, nous font connaître que dans le cintre de la porte de l'hôtel de ville avait été placé un transparent sur lequel étaient peintes deux branches de laurier en sautoir surmontées d'une couronne de comte et entourées de fleurons; dans la partie centrale figuraient les chiffres du comte et de la comtesse de Mailly, et, au-dessous, se lisait cette inscription :

De même au temple de Mémoire,
De leurs chiffres unis, on voit briller la gloire.

Le cortège se dirigea vers la salle de spectacle, rue de l'Arquet, où un ballet était donné et auquel avaient été invitées toutes les personnes notables de la ville. Lorsque Mme de Mailly fut arrivée à la place qui lui avait été réservée, le maïeur s'avança auprès d'elle, tenant à la main un bouquet entouré d'un ruban orné de son chiffre et, en le lui remettant, prononça ces quelques mots :

« Madame,

» Ce jour est heureux pour nous.

» Vous présidez à cette fête accompagnée des Grâces.

» Le bouquet que j'ai l'honneur de vous présenter est composé de fleurs naturelles. Il est tout à fait analogue à notre façon de penser, à nos sentiments, à notre reconnaissance. »

Le bal fut ouvert par M. de Bazonville et par Mme de Mailly, qui dansèrent le menuet.

Le corps de ville avait eu la bonne pensée de retenir trois loges pour M. et Mme de Mailly; il avait eu aussi la précaution de faire établir un buffet pour les rafraîchissements, qui furent distribués pendant la durée du bal, lequel prit fin à six heures du matin. Mais le commandant et sa femme se retirèrent vers trois heures du matin. Le corps de ville les accompagna jusqu'à leur voiture.

Le lendemain mardi, à dix heures du matin, tout le corps de ville, moins le maïeur, se trouvait réuni dans la chambre du conseil à l'hôtel de ville. Les commissaires, nommés par la délibération de la veille, rendirent compte de leur mandat. Puis, l'assemblée s'occupa d'un incident qui, fort heureusement, n'eut point de suite. Voici de quoi il s'agissait. Le maïeur donnait le jour même à diner à M. et à Mme de Mailly et, « contre l'usage, le corps de ville ne se trouvait nullement représenté » à ce repas. On fit observer avec raison que c'était au corps de ville qu'il appartenait de conduire ses hôtes à la fête qu'il avait organisée pour eux au Pâtis.

Après mûre délibération, il fut décidé que le corps de ville serait représenté par MM. de Boileau, Hecquet d'Orval, Lefebvre de Wadicourt et Delattre, et que ces quatre délégués se rendraient chez M. de Bazonville « avec les voitures nécessaires à quatre heures de l'après-midi, — heure indiquée par Mme de Mailly — pour avoir l'honneur de la conduire et de l'accompagner à la fête du Pâtis. »

A la suite de cette séance, qui prit fin vers une heure de l'après-midi, « le corps de ville a eu l'honneur de faire sa cour à M. le comte et à Mme la comtesse de

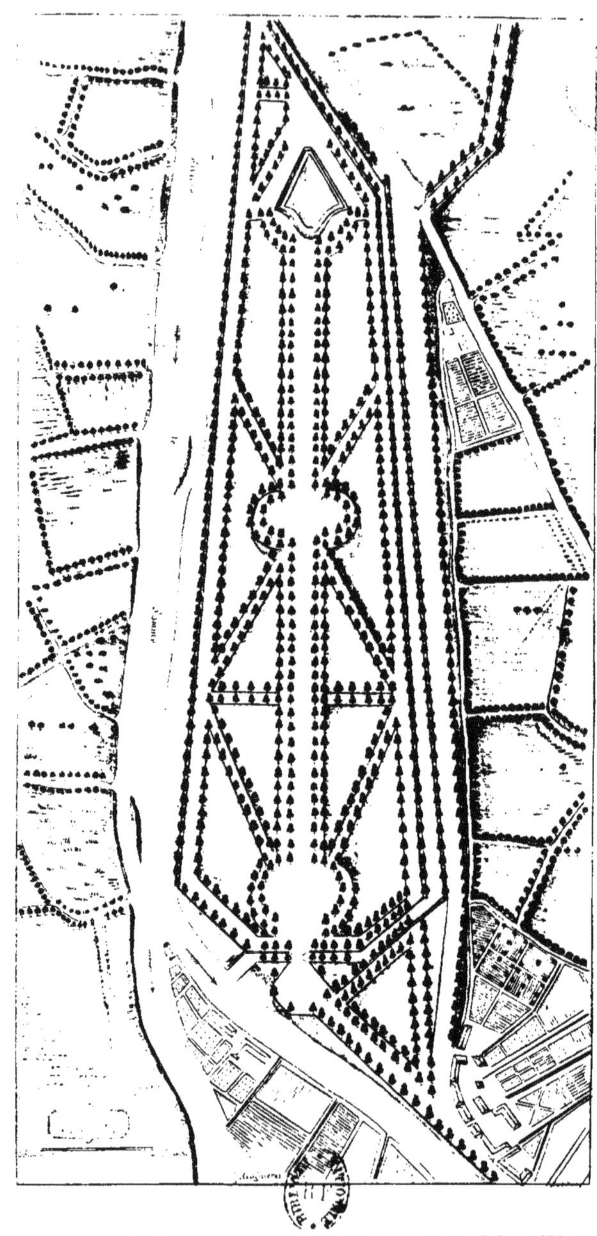

Plan de la promenade du Pâtis à Abbeville
en 1780.
(Bibl. d'Abbev.: collection Delignières de Bommy.)

Mailly, et les quatre députés ci-dessus nommés leur ont de nouveau demandé leur heure pour la fête du soir. »

Vers trois heures et demie, le corps de ville tint une nouvelle séance dans la chambre du conseil. A l'issue de cette réunion, les quatre délégués se sont rendus chez le maïeur; on les introduisit dans la salle à manger; ils remarquèrent deux choses dont ils firent part à leurs collègues et qui furent mentionnées au procès-verbal que nous a conservé le registre aux délibérations, à savoir : que les convives étaient encore au dessert, et que, parmi eux, se trouvait le marquis de Sailly, qui avait refusé d'assister au souper offert la veille par le corps de ville sous prétexte qu'il était en deuil.

Après qu'ils eurent salué M. et Mme de Mailly, les quatre délégués se retirèrent dans le salon pour attendre la fin du repas. M. de Bazonville « les a suivis et leur a fait compagnie. »

Quand le repas fut terminé, le maïeur et les délégués du corps de ville conduisirent leurs hôtes au Pâtis.

A l'entrée de la grande allée de cette promenade, on avait établi une tente qui formait la salle de bal, réservée au corps de ville et aux dames qu'il avait invitées pour faire les honneurs de cette fête; ces dames étaient : Mmes de Soicourt, de Boileau, d'Orval, de Martel et de Wadicourt.

Le bal fut ouvert par Mme de Mailly, qui dansa un menuet avec M. de Bazonville puis avec M. de Soicourt.

Les manuscrits Siffait nous font connaître que le sol de la salle réservée aux invités officiels était planchéié; que cette salle était couverte de toile et que, sur l'un des côtés, on avait aussi tendu une toile contre les rayons du soleil. On n'y laissait entrer que ceux qui étaient porteurs d'un billet d'invitation et les principaux officiers de la garnison. Six violons composaient l'orchestre.

Un public très nombreux s'était rendu au Pâtis, mais on n'avait laissé pénétrer que ceux qui étaient « habillés proprement. » Plusieurs danses se formèrent dans le tour de la Patte d'Oie, et chacune d'elles avait deux violons.

Les deux compagnies de cinquantaine, en armes, maintenaient l'ordre.

Des rafraîchissements avaient été préparés pour les invités qui dansaient sous la tente, et on distribua de la bière, du cidre, des tartes et des gâteaux au peuple. C'est M. de Soicourt, lieutenant de maire, qui prit à sa charge tous les frais de la fête donnée au Pâtis.

A cinq heures du soir, M. et Mme de Mailly quittèrent le Pâtis et allèrent visiter successivement Bagatelle, maison de plaisance construite dans le faubourg Saint-Gilles, puis l'hôpital général et enfin le collège. A sept heures, ils revenaient au Pâtis.

Vers neuf heures du soir, le corps de ville reconduisit

M. et Mme de Mailly à l'hôtel de ville, dont la façade était illuminée comme la veille ; ils furent introduits dans la salle du conseil, où se trouvaient déjà les invités qui devaient prendre part à l'ambigu offert par l'échevinage. A dix heures, on annonça que l'ambigu était servi. Tous les convives occupèrent les mêmes places que la veille. La musique du régiment de Savoie-Carignan se fit encore entendre, et Mme Aliamet de Martel, cédant de nouveau à la sollicitation de la comtesse de Mailly, chanta plusieurs morceaux. L'ambigu prit fin vers minuit et, vers trois heures du matin, M. et Mme de Mailly quittaient l'hôtel de ville ; les magistrats municipaux les accompagnèrent jusqu'à leur carrosse.

Le lendemain mercredi 28 juin, sur les dix heures du matin, le corps municipal se réunissait en la chambre du conseil à l'hôtel de ville et, à onze heures, il se rendait en cérémonie à l'hôtel de Rambures pour présenter « ses derniers hommages à M. le commandant et à Mme la comtesse de Mailly. » Le comte exprima aux magistrats municipaux toute la satisfaction qu'il éprouvait pour la brillante fête que la municipalité avait donnée en son honneur ; il ajouta « qu'il saisirait toutes les occasions de prouver à la ville combien il en était reconnaissant », et, en terminant, il déclara qu'il se proposait de revenir avec sa jeune femme à Abbeville

au mois de mai de l'année suivante, et qu'ils y passe-
raient huit jours.

Les femmes des échevins se rendirent ensuite en
compagnie de MM. de Soicourt, de Boileau, Hecquet
d'Orval et Delattre à l'hôtel de Rambures pour prendre
congé de Mme de Mailly. Dans l'après-midi, M. de
Mailly et sa femme leur rendirent visite, et, à cinq
heures du soir, ils quittaient la ville pour se rendre au
château de Sailly, chez le marquis de Monchy[1]. Ils

1. Le comte de Mailly était lié depuis de longues années avec
André-Honoré, marquis de Monchy. M. le comte R. de Saint-Pol
conserve dans ses riches archives du château de Francières, si bien
classées par lui, neuf lettres autographes de M. de Mailly ; l'une de
ces lettres, datée de Paris du 14 avril 1745, est ainsi conçue : « J'ay
l'honneur, Monsieur, de vous faire part du mariage de ma fille avec
M. le marquis de Voyer, fils de M. le comte d'Argenson. J'ose me
flatter que vous voudrez bien m'accorder votre agrément sur une
affaire qui, d'ailleurs, remplira ma satisfaction, et recevez les assurances du parfait attachement avec lequel j'ai l'honneur », etc., etc.
Trente-trois ans plus tard, le 6 novembre 1778, M. de Mailly écrivait au même : « J'ay différé, Monsieur, de répondre à la lettre que
vous m'avez fait l'honneur de m'écrire sur M. le chevalier des Essars
jusqu'à ce que ma santé qui a été fort dérangée m'eût mis à portée
de voir M. de Montbarey, et c'est avec plaisir que j'ay l'honneur de
vous faire part de l'assurance décisive qu'il me donna hier que M. des
Essars serait placé convenablement et qu'il le serait dans le mois prochain, temps auquel il doit travailler avec le Roy sur les troupes pro-
vinciales. C'est, Monsieur, ce dont je vous prie de faire part à M. le
chevalier des Essars, et d'être bien persuadé qu'il n'est aucune occasion
où je ne fusse aussi flatté qu'empressé de vous convaincre du très parfait attachement avec lequel j'ay l'honneur », etc., etc. Le chevalier des
Essars, au sujet duquel écrivait le comte de Mailly, était fils cadet de
Louis, comte des Essars, et de Henriette-Josèphe de Monchy; il était,
par suite, neveu du marquis de Monchy dont il épousa la veuve en
1783; il mourut en 1830 à Abbeville où il était né le 12 mars 1749,

étaient précédés de la musique du régiment de Savoie-
Carignan et d'un détachement de la Jeunesse, qui ne
les quittèrent qu'au-delà de la porte Marcadé. Sur tout

sans postérité ; sa femme était morte au même lieu le 21 mars 1813
âgée de 66 ans. Pendant plusieurs années, le comte de Mailly s'en-
tremit pour faire nommer M. des Essars capitaine d'une compagnie
de cavalerie, ainsi que nous le voyons par quatre lettres qui sont en
la possession de M. de Saint-Pol ; dans l'une, datée de Perpignan du
16 juillet 1779, le comte de Mailly disait : « Je suis, Monsieur, très
sensible au souvenir que vous me faites l'honneur de me marquer, et
je désirerois fort estre à portée de vous en donner des preuves, mais
je ne pourrois rien adjouster à tout ce que j'ay rempli sur ce qui vous
intéresse, et je ne vois d'autre parti à prendre que celuy de la patience
jusqu'à ce que le ministre ait travaillé avec le Roy sur les employs
du corps où vous estes destiné... » Dans une autre, datée de
Paris du 16 juin 1781, il disait : « Je désirerois, Monsieur, qu'il
me fût possible d'adjouster à l'intérest que j'ay marqué aux
différents ministres sur ce qui vous concerne, mais j'y ai mis
tout ce qui dépendoit de moy, et j'en ai fait part en dernier lieu
à M. le prince de Nassau et à M. du Sauzay, à qui vous en avez
écrit ; vous avez très bien fait d'intéresser également M. de Croï,
comme commandant dans la province, et je désire bien vivement
que tout se réunisse à nous procurer un succès qui auroit dû
estre rempli depuis longtemps... » Le marquis de Monchy étant
venu à mourir, sa veuve en fit part au comte de Mailly qui écrivit
d'Haucourt à M. des Essars le 25 juillet 1782 : « Mme la marquise
de Monchy, Monsieur, me fait part de la cruelle perte qu'elle vient
de faire et je ne peux vous exprimer à quel point je la partage. Je
sens en même temps, Monsieur, combien vous devez estre affecté,
et ce seroit une raison de plus s'il en pouvoit estre vis-à-vis
de l'intérest que je vous ai voué, mais je n'ai cessé et ne cesserai
de m'occuper de vous en donner des preuves... » Le chevalier des
Essars ayant adressé ses félicitations au comte de Mailly à l'occasion
de son élévation au grade de maréchal de France, en reçut la lettre
suivante datée de Paris du 25 juin 1783 : « Recevez, Monsieur, tous
mes remerciemens sur le compliment que vous voulez bien me faire,
et soyez bien persuadé que j'y réponds par tous les sentimens avec
lesquels j'ai l'honneur d'être », etc., etc.

le parcours, la bourgeoisie et le régiment de Savoie-Carignan sous les armes formaient la haie.

Le départ du commandant fut salué à la porte Marcadé d'une salve de cinq coups de canon et de la mousqueterie du détachemeut de la Jeunesse.

Le projet formé par M. de Mailly de revenir à Abbeville avec sa jeune femme au mois de mai de l'année suivante ne se réalisa point.

Nous lisons dans les manuscrits Siffait que M. de Mailly devait profiter de son séjour à Abbeville pour poser la première pierre du Bourdois et du corps de garde de la place Saint-Pierre, mais comme l'arrêt du Conseil autorisant cette cérémonie n'avait point encore été signifié, la pose de ces pierres fut ajournée. « Ce fut M. le maïeur qui, chargé de la procuration de M. de Mailly, en fit la cérémonie seulement au corps de garde place Saint-Pierre le mercredi 5 juillet à cinq heures de l'après-midi accompagné de tous les officiers municipaux. On ne sonna point la grosse cloche. Elle fut posée à trois pieds hors de terre, et ce fut au pavillon du corps de garde au coin qui le soutient et contre la halle du marché au fil. C'est une plaque de cuivre jaune de forme ronde, fondue par le sieur Roussel, que l'on a mise dans une boîte de bois de chêne avec certaine poussière pour que le vert de gris n'y prenne point sur le cuivre. On y a mis aussi plusieurs espèces de notre monnaie courante... »

Le 4 septembre 1780, on jetait les fondements des casernes que la ville faisait construire; une correspondance active fut échangée à ce propos entre le maïeur et le comte de Mailly, ainsi que nous le voyons par les lettres de ce dernier qui se trouvent dans le Ms. 93 de la bibliothèque d'Abbeville.

Le 19 décembre 1780, M. de Mailly assure le maïeur et les échevins de l'intérêt qu'il prend à tout ce qui touche leur ville[1]. Le 31 janvier 1781, il leur annonce qu'il a reçu le mémoire qu'ils lui avaient adressé au sujet des casernes et qu'il vient d'en conférer avec l'intendant; une somme de 24.000 livres étant nécessaire pour terminer ces constructions, il a pu obtenir de l'intendant l'allocation de 10.000 livres qui seront prises sur le fond de l'octroi. Quant aux 14.000 livres restant, M. de Mailly faisait connaître que l'intendant et lui n'avaient trouvé d'autres moyens de se les procurer que d'agir comme venait de le faire la ville d'Amiens qui, pour trouver les 16.000 livres qui lui étaient nécessaires chaque année pour l'entretien de ses réverbères, avait établi une taxe de 4 deniers par livre sur le loyer des maisons. Il proposait donc aux maïeur et échevins de demander l'établissement d'une taxe de 3 deniers par livre sur les loyers pendant deux ou trois

1. Ms. 93, fol. 132.

ans ; cette taxe, selon lui, devait produire annuellement de six à sept mille livres. « Voilà, messieurs, ajoutait-il, tout ce qu'il m'a été possible de régler avec M. l'Intendant, et je crois pouvoir vous dire que vous devez en être d'autant plus satisfaits que c'est avec beaucoup de peine que j'y suis parvenu, d'après les observations qu'il m'a faites, et que ce n'a été qu'au titre de considération qu'il m'a accordé les dix mille livres et en m'en demandant le *secret* pour que plusieurs autres villes telles que Montreuil, Saint-Quentin et Montdidier, qui sont dans le même besoin, ne soient pas en droit de se plaindre du retard que cette distraction leur apportera. Vous pourrez d'ailleurs lui adresser votre demande sur l'imposition des 3 deniers et nous ferons expédier l'arrêt du conseil. »

Le comte de Mailly terminait cette lettre en priant les maire et échevins d'ajourner la discussion de la question de chauffage des casernes jusqu'à la paix, les informant qu'il s'était concerté avec l'intendant « pour faire décharger les villes de la province ». Et, faisant ressortir sa constante préoccupation pour la cité dont il avait le commandement, il ajoutait : « Vous jugerez à ces détails de l'intérêt essentiel que j'ai voué à la ville d'Abbeville [1]. »

Le 20 février, nouvelle lettre du comte de Mailly

1. Ms. 93, fol. 133.

informant l'échevinage que l'intendant lui écrit qu'il se trouve dans l'impossibilité d'accorder la taxe de trois deniers par livre sur les loyers ; il les engage en conséquence à proposer d'autres moyens pour se procurer les 14,000 livres dont ils ont besoin [1].

Le 13 avril suivant, M. de Mailly écrivait aux maire et échevins pour les inviter à envoyer au plus tôt à l'intendant « les moyens d'emprunt » qu'ils comptent proposer pour se procurer les 14,000 livres ; il les presse d'autant plus qu'il voudrait voir terminer cette affaire pendant son séjour à Paris.

Dans la même lettre, il leur annonce l'envoi de quelques exemplaires du monument qu'il vient de faire élever à la gloire du roi dans le Roussillon [2], qui avait part avec Abbeville à l'intérêt que M. de Mailly prenait à ses deux commandements.

La taxe sur les loyers ayant été refusée, l'échevinage prit une délibération par laquelle il demandait à être autorisé à emprunter une somme de 30,000 livres, et à affecter annuellement 2,000 livres du nouvel octroi pour l'amortissement de cet emprunt [3].

Le 15 juin, le comte de Mailly informe les officiers

1. Ms. 93, fol. 135.

2. Ce monument était un obélisque, qui fut placé à Port-Vendres en reconnaissance de ce que Louis XVI avait affranchi des droits royaux tout le vin qu'on embarquait dans le port de cette ville.

3. Ms. 93, fol. 141.

municipaux qu'il vient de s'entretenir à ce sujet avec l'intendant, et qu'il serait « fort aise de conférer avec la personne » chargée d'obtenir l'arrêt du Conseil homologuant leur délibération.

Dans la même lettre, M. de Mailly dit qu'il ignore le moment où il pourra se rendre à Abbeville avec la comtesse, « mais, ce qu'il y a de sûr, c'est que nous le désirons infiniment [1]. »

La personne chargée par l'échevinage de solliciter du Conseil l'arrêt d'homologation était M. Hecquet d'Orval; ce dernier écrivait le 27 juin à ses collègues qu'il s'était présenté à Paris chez le comte de Mailly, qui l'avait fort bien accueilli et lui avait promis de s'occuper vivement de l'affaire auprès du ministre des finances ; il espérait d'autant plus voir aboutir la demande de l'échevinage que ce corps ne demandait point d'argent.

Le 19 juillet, M. de Mailly, qui se trouvait encore à Paris, écrivait aux maïeur et échevins pour leur donner l'assurance qu'il s'occupait toujours de faire aboutir leur projet d'emprunt ; il ajoutait : « J'aurais été charmé, Messieurs, d'être à portée de juger vos travaux en allant à Abbeville comme je me l'étais proposé, mais des affaires indispensables m'arrêtent ici jusqu'à mon départ pour le Roussillon, et je vois avec regret que nous ne

1. Ms. 93, fol. 142.

pourrons, madame de Mailly et moi, remplir ce que nous désirions que l'année prochaine [1]. »

Pour subvenir aux frais de construction des casernes, l'échevinage avait obtenu du gouvernement l'octroi d'Amiens pendant six ans, soit 40,000 livres annuellement plus 10,000 livres que le Roi donnait sur ses fonds pendant le même temps, ce qui faisait une somme totale de 300,000 livres. Mais l'adjudication ne s'éleva qu'à 249,000 livres. L'échevinage prétendait toucher les 300,000 livres qui lui avaient été accordées, mais l'intendant s'opposait à ce que les 51,000 livres disponibles leur fussent versés.

Les sieurs Lefebvre du Grosriez et Lefebvre de Cormont furent envoyés par l'échevinage à Paris dans le but de solliciter l'appui des personnages les plus influents. Ces deux délégués rendirent compte de leur mission dans une longue lettre non datée [2] qui se trouve aux archives municipales (EE, 131). Elle est assez curieuse pour que nous en donnions un résumé.

Avant de se rendre chez l'intendant, les deux délégués

---

1. Ms. 93, fol. 147.

2. Elle doit être du mois de février 1783, car les signataires font connaître aux officiers municipaux que M. de Mailly leur a annoncé que, sous quinze jours, M. de Marantin, qui avait des difficultés avec l'échevinage, aurait reçu des ordres pour passer ailleurs; on verra plus loin que, dans une lettre du 3 mars, le comte de Mailly annonce l'arrivée prochaine à Abbeville de M. de Gassey, successeur de M. de Marantin.

se présentèrent chez quatre seigneurs dans le but de se les rendre favorables à leurs intérêts. L'un d'eux, M. de Villedeuil, gendre de l'intendant, leur dit que la demande de l'échevinage était juste et qu'il l'appuierait le soir même auprès de M. d'Agay.

Le lendemain matin, les sieurs du Grosriez et de Cormont rendirent visite à ce dernier; dès qu'ils lui eurent fait part de l'objet de leur mission, il leur répondit « sèchement » qu'il avait proposé au ministre de ne point accueillir leur demande; il ajouta qu'Abbeville n'était pas la seule ville qui eût des besoins; que Montreuil n'avait encore rien obtenu de ce qu'elle sollicitait; « vous voulez tout envahir, dit-il; vous avez les mains pleines des grâces que la cour vous a accordées par ma médiation et vous demandez encore; si vous obteniez satisfaction, demain vous reparaîtriez pour demander de nouvelles faveurs. »

Les deux délégués supportèrent sans mot dire l'accès de mauvaise humeur de l'intendant. « Il y avait un vaste champ à la réplique, écrivent-ils, mais il est des vérités qu'il faut taire, et c'est le parti que nous avons pris. » Ils ne se découragèrent point; ils continuèrent leurs démarches. Ils se rendirent chez le comte de Mailly. « L'accueil le plus flatteur et le plus gracieux nous y attendaient, disent-ils. Toujours chaud pour les intérêts de notre bonne ville, il nous dit obligeamment qu'une indisposition légère l'avait empêché d'agir jusqu'à ce jour, mais qu'il en confèrerait avec le ministre... Comme nous ne lui cachâmes point les dispositions peu favorables où nous avions trouvé M. l'Intendant et qu'il était à craindre que, sous peu, il ne donnât un avis défavorable, il nous dit qu'il allait lui écrire pour qu'il ait à différer jusqu'à ce qu'il l'eût vu. »

Le comte de Mailly s'éleva surtout contre la prétention de l'intendant de faire croire que les édifices et les réverbères établis à Amiens servaient à l'intérêt général de la province. « Il a surtout fort à cœur les 50,000 livres qu'on nous retranche des 300,000 qu'il nous a fait obtenir, et paraît faire tomber toutes nos réclamations sur ce seul objet, sur lequel il a le plus grand espoir de nous faire réussir. »

Quand les délégués lui eurent dit que la ville devait supporter un impôt pour le chauffage des troupes, il se récria, disant que, « dans le Roussillon, on ne connaissait pas ce genre d'imposition, que le roi acquittait cette charge et que le malheureux avait assez à souffrir sans cet impôt. »

Finalement, M. de Mailly promit qu'il ferait obtenir les 50,000 livres, parce que « c'était un don du roi dont il voulait que la ville jouît. » Cette lettre, qui est écrite de la main de M. Lefebvre de Cormont, se termine par ce post-scriptum : « Je reçois à l'instant lettre de M. de Mailly, par laquelle il nous donne rendez-vous demain dix heures du matin. Je présume que M. l'Intendant est passé chez ce seigneur et que c'est l'objet pour lequel il nous fait appeler. Demain, je vous rendrai compte de notre entrevue. »

Nous ignorons quel fut le résultat final de cette affaire.

La dernière lettre du comte de Mailly que nous trouvons dans le Ms. 93 est datée de Paris du 3 mars 1783; il rassure les magistrats municipaux quant à l'augmentation de la garnison qu'ils semblaient redouter. « Le régiment de grenadiers royaux, dit-il, va être renvoyé; j'espère que l'on n'augmentera point le nombre actuel des compagnies de cavalerie jusqu'en octobre, où je compte qu'on les retirera pour ne plus mettre de troupes à Abbeville jusqu'à ce que les casernes soient achevées. Je n'ai point oublié non plus, Messieurs, la demande que vous avez faite d'une partie de mur relatif à vos casernes, ainsi que d'une porte à construire aux dépens de la fortification. Ces deux objets ont été renvoyés ainsi que de droit au directeur du génie, et l'on attend les plans et devis qu'il doit envoyer pour statuer sur les demandes. » Au bas de cette lettre, écrite par son secrétaire, M. de Mailly ajouta de sa main : « M. de Gassey, commissaire des guerres, Messieurs, qui va remplacer M. Marantin, se rendra incessamment à Abbeville, et je vous invite à avoir pour lui tous les égards convenables, —

je vous en dirai plus particulièrement les raisons par la suite. Mme de Gassey est d'ailleurs par elle-même une personne de naissance distinguée[1] ».

Quelques mois plus tard, on voit intervenir le comte de Mailly dans une question où l'on s'y attendait le moins. C'est encore le registre aux délibérations de l'échevinage qui va nous en fournir tous les éléments.

A une séance de l'échevinage qui se tint le mercredi 5 novembre 1783, il fut résolu que l'on procèderait à la vente des arbres du Pâtis et de la chaussée des Planches, à l'exception toutefois d'une allée le long de la Somme, qui devait être conservée pendant quelque temps « pour le plaisir et l'agrément de la promenade. » On avait reconnu que ces arbres, qui pouvaient avoir environ soixante ans de plantation, étaient arrivés à maturité. Leur nombre était de douze à quatorze cents. Une partie du produit que l'on devait retirer de cette vente serait consacrée à l'achat de réverbères[2].

Le 8 novembre suivant, l'échevinage se réunissait de nouveau pour s'occuper exclusivement de la question des réverbères et l'on décida que l'on convoquerait pour le 15 courant tous les corps de la ville afin d'avoir leur avis[3].

1. Ms. 93, fol. 164.
2. Reg. aux délibér. de l'échevin. du 17 juillet 1782 au 6 décembre 1784, fol. 50 v°.
3. Ibid., fol. 52 v°.

Dans l'assemblée générale des corps de la ville qui eut lieu le 15 novembre, le maïeur et les échevins firent surtout ressortir l'urgence qu'il y avait à éclairer la ville pendant les longues soirées d'hiver, conformément à l'édit de 1697 ; ils ajoutèrent qu'on éviterait ainsi les nombreux accidents qui se produisaient fréquemment. Bon nombre de villes de moindre importance qu'Abbeville étaient éclairées. L'échevinage avait estimé qu'il fallait cinquante réverbères par quartier, soit deux cents pour la ville. Pour subvenir aux frais d'éclairage, ils proposaient d'établir pendant six ans une imposition de vingt-cinq sous par cent livres de loyer.

Mais, le croirait-on ? cette louable proposition fut repoussée par tous les corps : le chapitre de Saint-Vulfran, le prieuré de Saint-Pierre, le présidial, l'élection, le corps consulaire et les maïeurs de bannière ; seul, le grenier à sel accepta en principe l'établissement des réverbères [1].

Le 19 novembre, l'échevinage se réunissait de nouveau et, sans tenir compte de l'opposition qu'il avait rencontrée quatre jours auparavant, il décidait qu'il serait placé trente réverbères dans les rues de la ville aux endroits les plus dangereux [2].

Il faut croire que les opposants se créèrent des parti-

---

1. Reg. aux délib. de l'échevin. d'Abbeville de 1782 à 1784, fol. 54 et suiv.

2. Ibid., fol. 58 v°.

sans ; tout le monde à Abbeville n'était pas ami de la lumière. Le comte de Mailly intervint dans cette question. Voici pourquoi. Le 16 janvier 1784, le maïeur ayant convoqué les échevins à l'hôtel de ville leur communiqua une lettre du commandant écrite le 4 du même mois et ainsi conçue : « Je vous prie de faire faire les recherches les plus exactes pour découvrir l'auteur de l'imprimé ci-joint afin que je puisse le faire punir comme il le mérite. »

L'imprimé dont il est question dans cette lettre a jusqu'ici échappé à nos recherches. Mais la suite de la délibération de l'échevinage nous apprend que c'était une chanson très répandue, qui avait pour titre : *les Réverbères*. D'autres pièces du même genre circulaient en même temps dans la ville ; ainsi, il y avait : *les Gribannes*, *les Chaloupes*, *le Bal bourgeois*, « que l'indulgence dont l'hôtel de ville a cru devoir user jusqu'ici ne fait qu'encourager les auteurs de tous ces écrits diffamatoires et peut occasionner que chaque jour de pareils écrits soient renouvelés ».

A l'unanimité, « la compagnie se déterminant d'autant plus à prendre ce parti que c'est non seulement l'intérêt général des citoyens, mais aussi le vœu de M. le maréchal de Mailly ainsi qu'il résulte de la lettre ci-dessus énoncée ; pour quoi, aussitôt après l'information, il sera rendu compte à M. le maréchal de Mailly des découvertes qu'on aura pu faire. [1] »

A partir de cette époque, les registres aux délibérations de l'échevinage ne font plus mention du comte de Mailly. Mais, à quelque temps de là, nous trouvons une lettre autographe de la maréchale de Mailly; cette lettre, intercalée dans le Ms. 93 de la bibliothèque d'Abbeville, fol. 107, est datée de la Roche de Vaux du 11 janvier 1786; c'était une réponse aux compliments du nouvel an qui lui avaient été adressés par les maire et échevins d'Abbeville; elle est ainsi conçue : « Je recevrai toujours avec plaisir, Messieurs, les marques d'attention de votre part. J'y suis extrêmement sensible et je n'oublierai jamais toutes celles que vous avez bien voulu me donner pendant mon séjour à Abbeville. Je serais charmée qu'il me fût possible de vous en donner des preuves, et de vous assurer des sentiments avec lesquels je suis, Messieurs, votre très humble et très obéissante servante. NARBONNE-PELET, maréchale de MAILLY. »

Dès lors, les archives municipales ne conservent plus trace du commandant jusqu'à la Révolution. Le registre de correspondance de la mairie du 11 février 1790 au 30 pluviôse an III, contient la copie d'une lettre adressée par la municipalité le 29 décembre 1790 à M. Morizot, avocat et homme d'affaires de M. de Mailly, demeurant à Paris; cette lettre fait voir que les sentiments des

1. Reg. aux délibér. de l'échev. d'Abbeville de 1782 à 1784, fol. 62.

Abbevillois envers le maréchal n'avaient point varié;
voici ce qu'écrivaient les officiers municipaux: « Ce n'est
point pour contester à M. le maréchal de Mailly le paie-
ment légitime d'une somme qu'il a tant de titres à réclamer, mais l'impossibilité absolue où nous avons été
de l'acquitter tant par la suppression de la majeure partie de nos revenus que par les sommes extraordinaires
que des circonstances impérieuses ont nécessité tant par
rapport à nos ateliers de charité de secours que pour
d'autres objets nous ont malheureusement contraints de
différer l'acquit d'une dette que nous regardons comme
sacrée. Loin de perdre de vue les obligations que cette
ville a eues dans tous les temps à M. le Maréchal, elles
sont gravées dans nos cœurs en caractères ineffaçables.
Voulez-vous bien l'en assurer de nouveau, Monsieur, et
des mesures que nous allons prendre en conséquence? »

Le même registre mentionne simplement l'envoi d'une
lettre le même jour au maréchal de Mailly.

Les derniers documents concernant cet officier général
nous sont encore fournis par le registre de correspondance
de la mairie; c'est la copie d'une lettre qui lui fut adressée
par l'administration municipale d'Abbeville le 29 juin
1791 : « Les regrets que vous avez la bonté de nous faire
transmettre par M. de Bazonville ajoutent encore à ceux
que nous éprouvons depuis que nous avons appris que
vous avez remis votre commandement. Nous nous rap-

pellerons toujours avec la plus vive reconnaissance les services multipliés que vous avez rendus à notre ville qui s'en félicitait, et votre nom sera un de ceux dont la mémoire sera consacrée avec attendrissement par la commune la plus fidèle à la loi et à ceux qui, dans tous les temps, ont veillé à son maintien. Nous sommes avec respect... »

M. E. Prarond, qui a reproduit cette lettre dans ses *Annales modernes d'Abbeville* (I, 97) ajoute fort judicieusement en note : « Ces derniers mots qui expriment, officiellement du moins, les sentiments des habitants d'Abbeville en 1791, ne pourraient-ils être gravés sous le buste du vieux maréchal, aujourd'hui placé dans la bibliothèque de la ville ? »

Le buste dont parle M. Prarond a été offert à la ville d'Abbeville par le comte Adrien de Mailly, fils du maréchal et de sa troisième femme, seul rejeton de cette noble et ancienne famille. *Le Pilote de la Somme* du 22 juin 1847 annonçait en ces termes la libéralité dont la ville venait d'être l'objet :

« Le buste en bronze de M. le comte de Mailly d'Haucourt, maréchal de France, chevalier des ordres du roi et dernier gouverneur de la ville d'Abbeville, vient d'être envoyé à la mairie par le fils de ce brave guerrier, M. le comte de Mailly, ancien pair de France. Ce buste, plus grand que nature et d'un style noble et vigoureux, a dû

Buste en bronze du maréchal de Mailly,
par Aug. Pajou.
(Musée d'Abbeville et du Ponthieu)

être exécuté par un de nos plus habiles artistes. »

D'abord déposée à la bibliothèque communale, cette œuvre d'art fut transférée en 1883 au musée communal où elle se trouve actuellement.

La dernière lettre écrite par le maréchal de Mailly à la municipalité d'Abbeville est datée du 25 février 1792 ; il informait le corps municipal, on se le rappelle, qu'en raison de l'heureux accouchement de Mme de Mailly il faisait don de deux cents livres aux pauvres ; en même temps, il abandonnait à la ville ce qu'elle lui devait pour son logement ; l'état des finances de celle-ci ne lui avait point permis depuis plusieurs années d'acquitter cette dette.

Achevé d'imprimer

PAR

FOURDRINIER & Cie

A ABBEVILLE

Le 14 Décembre 1895

9 782329 471075